職業としての観光

Tourism as a Vocation

沖縄ツーリスト55年編

吉崎 誠二 著

芙蓉書房出版

はじめに

２０１３年３月７日、沖縄県八重山、石垣島に新しい空港が開港した。新石垣空港、愛称は「南《ぱい》ぬ島《しま》石垣空港」。

その日、新石垣空港を離陸した一番機は、那覇空港へ向かうＡＮＡ（全日空）１７６２便。そして、着陸一番機は、那覇空港からのＪＴＡ（日本トランスオーシャン航空）６０１便だった。

旧来の石垣空港は、１５００メートルの滑走路しかなかったため、ドル箱路線である羽田や大阪への直行便が飛ばせなかった。小さな飛行機しか運航できなければ、増え続ける観光客の需要に応えることができない。また、その極端に短い滑走路への着陸時には、急ブレーキがかかり、乗客たちは座席の上で前のめりになることが多かった。そんな不便や危険を回避するために、新しい空港は作られたのだ。

２０１３年夏、石垣島は例年以上に多くの観光客でにぎわっていた。

その日から遡ること58年前の１９５５年7月28日。

雑草が生い茂り、石ころが転がり、水牛が闊歩していた石垣空港に一機の飛行機が降り立った。この空港は、戦前、日本軍が使用していたが、その後はあまり整備されていなかった。その飛行機は、民間機による定期空路を開設するためのテストフライトだった。飛行機はＣＡＴ（シビル・エア・トランスポート）航空会社（本社：台湾）から借り受けたものだ。

これを画策していたのは、本書の前半の主人公である東良恒《ひがしりょうこう》（沖縄ツーリスト初代社長）と宮里政欣《みやさとせいきん》（沖縄ツーリスト初代専務、現相談役）だ。

東は、那覇で出発の準備をし、当日は那覇空港で離陸を見守った。そして、宮里は、その３日前に船で石垣島に渡り、石垣空港で受け入れのための準備を行った。

石垣空港は、飛行機を一目見ようとする見物客でごった返していた。飛行機はなかなか姿を現さず、２時間以上遅れて到着した。緊張から解放され、宮里は胸をなで下した。そして、島民たちからは大歓声が上がった。

石垣島出身の東は、島民の期待に応えようと米国民政府をはじめ、あらゆる関連機関に嘆願し、１年後の１９５６年6月に、ようやく定期便が就航する運びとなった。

当時の石垣島～沖縄本島間の足は船しかなく、一日以上かかる長旅だった。これが飛行機になると、2時間ちょっとで行き来できる。石垣島の住民は、航空運賃が高額とは言え、大いに喜んだ。

これが、沖縄県内の離島と本島を結ぶ民間航空路の第一号となった。まさに、沖縄の空の歴史が始まった瞬間だった。

本書では、現在の沖縄の基幹産業となっている観光産業の発展に絶大な貢献をした企業である沖縄ツーリストの創業以来の55年を追いかけた。また、沖縄県において欠かせない交通機関である航空についても、沖縄ツーリストとの関わりを探る。

そうすることで、沖縄県の空と観光の歴史を振り返ることができると考えたからである。

職業としての観光
——沖縄ツーリスト55年編——

目次

第2章
沖縄ツーリスト創立と復帰前の沖縄観光 …………………… 19
〈1958年〜1972年〉

第1章

沖縄観光の夜明け前

〈1945年～1958年〉

沖縄ツーリストは、1958年に6人の若者により創業された。その中心となったのが、東良恒と宮里政欣の2人だった。本章では、創業以前の2人の歩みを振り返り、どんな経験を通じて創業に至ったのか、また当時の沖縄の航空事情はどうだったのかを述べることにする。

この時期の出来事や2人の経験が後の沖縄ツーリストという企業の礎になっており、また沖縄における観光産業の原点にもなっている。

1945年の終戦以後、奄美群島～沖縄本島～宮古～八重山のエリア、いわゆる琉球弧は、アメリカ軍政権下に置かれた。

1951年、日本が世界各国と結んだサンフランシスコ平和条約により、日本は独立を果たした。しかしそれは、奄美・沖縄エリアを除いての主権回復であり、アメリカ軍は同エリアで施政権を持ち続けた。

日本政府は、平和条約と同時にアメリカとの間に日米安全保障条約を締結した。これにより、沖縄では、1972年の本土復帰後もアメリカ軍基地が残ることになる。

1953年12月25日、アメリカ軍基地がほとんどなく、また復帰運動の激しかった奄美エリアが本土返還された。この時、沖縄の返還実現の気配はなく、その日が訪れるのは約20年後のこととなる。

✳沖縄外国語学校で出会った東と宮里

沖縄ツーリスト初代社長の東良恒は１９３０年石垣島に生まれた。15歳で終戦を迎え、１９４７年には沖縄本島に渡り、米軍と沖縄民政府が設立した沖縄外国語学校に通った。後にこの学校はいくつかの学校と統合され、１９５０年に琉球大学となる。

創業時からナンバー２として活躍した宮里政欣（現相談役）は、１９２８年沖縄本島北部の今帰仁《なきじん》村に生まれた。沖縄戦で激しい戦闘が繰り広げられ焼け野原となった沖縄本島中南部とは異なり、北部はそれほど大きな戦火に遭わなかったとされる。１９４７年に沖縄外国語学校で学び、ここで東と出会う。年齢は２歳違うが、一緒に学んだ同級生だった。

東は卒業後、フィリピン航空に就職した。フィリピン航空は、初めて沖縄に乗り入れた航空会社だった。東は、堪能な英語力を駆使し、あらゆる航空業務をこなしていた。

一方、宮里はアイランドエンタープライズ社という、外車タクシー業務やフォード社の代理店業務などを手掛ける企業で働いていた。こちらも英語力が活かせる職場だった。この会社は、タクシー事業でフィリピン航空と提携しており、同社の乗客の送迎なども行っていた。こうして二人は、学校だけでなく仕事でも関係を深めていった。

当時はまだB円の時代。朝鮮戦争が始まる1950年以降、沖縄では本格的な復興が始まり、貿易などを通じて、本土や外国との関係も戻りつつあった。

✺航空業・観光業の現場業務のイロハを身につける

沖縄で最初の旅行会社は、1948年に創業されたリウボウ船舶旅行社だ。リウボウは、沖縄で唯一海外との貿易が認められていた琉球貿易庁にいた宮里辰彦氏が創業した貿易会社、琉球貿易商事株式会社を起源とする。その旅行部門がリウボウ船舶旅行社だった。

また1953年には、琉球商工会議所の有志が出資して沖縄旅行社が設立されている。社長には、当時関西汽船の沖縄所長だった儀間光裕氏が就任した。

当時の本土~沖縄間の移動の中心は船だったが、1950年代に入ると沖縄を取り巻く空の産業も徐々に動き始めていた。海外航空会社だけでなく、1954年1月には日本航空が沖縄支店を開設し、羽田=那覇間の運行を開始している。

日本の航空会社の支店は、現在でも地元企業と提携していることが多い。この当時の日本航空沖縄支店は、沖縄旅行社と提携していた。

沖縄旅行社では、航空会社と空港の業務に精通した人物を探していた。そんな時に、スカウトされたのがパン・アメリカン航空で働いていた東だった。

東は、フィリピン航空に３年、パン・アメリカン航空に３年勤め、旅客や貨物の重量を計算し搭載バランスを組み立てる仕事や、空港でのチェックイン、発券などのほか、営業戦略全般まで幅広い業務をこなしていた。

東は、もともと飛行機が好きだったようだ。後にこんなことを語っている。


《もともと、飛行機が好きだったもんで、飛行機に関することをいろいろやってきました。飛行機は離陸するときが一番キレイ。全力を振り絞って大空に飛び立つところを見るとなんだか勇気が湧いてくる。飛行機ってものはあれは「生き物」ですよ。一般の人はジュラルミンの物体と思っているかもしれないが、私は血の通った生き物と思いますね》（沖縄観光速報社刊『観光とけいざい』２０４号別冊、「沖縄ツーリスト創立25周年特集」におけるインタビュー記事より）

戦争が終わり、時代は変わった。いつか、沖縄も日本に戻るだろう。その時、観光産業は沖縄の主要産業となるだろう。東のそうした確信はその後、その通りとなっていった。

東は、友人である宮里にこの想いを伝え、沖縄旅行社に誘った。

「一緒に働こう。そして、沖縄の発展に尽くそう」

こうして二人は同じ会社で働くことになった。沖縄ツーリスト誕生の5年前、1953年のことである。終戦から8年、この年朝鮮戦争が終わった（実際は休戦）。

1953年2月、念願の国内航空会社の定期運航による初めての飛行機が那覇空港に到着した。この年こそ、沖縄にとっての航空元年と言っていいだろう。

那覇空港は、これまでも海外航空会社が運航する定期路線の経由地でしかなく、沖縄は発地でも主目的地でもなかった。とは言え、たとえ経由地であっても、島嶼県の沖縄にとって、空の足はどうしても必要だった。

二人は、深夜も早朝も関係なく働いた。その当時の日本航空便は、羽田を発ち、燃料補給を兼ねて那覇空港に着陸し、最終目的地の香港に向かうというものだった。那覇到着が午前3時、出発が4時。深夜から明け方が最も忙しい時間であった。空港ターミナルビルは米軍の「コンセット」（鉄骨やトタンなど、金属類で作られた米軍のカマボコ型兵舎）を利用した粗末なものであった。

半世紀も前、たしかに施設は今と比べものにならないくらい貧弱だったが、米国民政府のもと、行政と民間が空港を24時間体制で柔軟に運用していたのである。その頃の方が、先進的で且つ国際標準だったのかもしれない。

現在、那覇空港では、２０１４年春の供用開始を目指し新国際線ターミナルビルの建設が進んでいる。また近年、沖縄県の国際物流ハブ構想で、全日空が深夜から明け方にかけて日本とアジアを結ぶ貨物便を飛ばしている。復帰前のように深夜の旅客便が再開するのはいつのことか。

当時の搭乗者に沖縄の一般住民は少なかった。本土から沖縄にやってくる企業関係者、特に建設業者が多かったが、琉球政府や本土の行政関係者も利用していた。当時の航空運賃は、沖縄の人々がすんなりと出せるような金額ではなかった。

戦争が終わってから十数年。焦土と化した沖縄の街は徐々によみがえってきたが、まだまだ一般住民は貧しく、毎日の生活に追われていた。

一方、この先続くであろう戦争のない平和な時代に生きていることを誰もが実感していた。

「平和な時代になったんだから、沖縄の人たちもいろんな場所に行ってみたいと思うだろう」

東はそんなことを考えていた。

✺自分たちで会社を創ろう

二人が同じ会社で働くようになり5年が過ぎた。毎日休みなく働いた二人には、新たな想いが芽生えてきた。

「自分たちで会社を創ろう」

東は当時、沖縄旅行社の営業部長として活躍していたが、自分たちのように熱い想いで働いている従業員は少なかったように見えた。また、仕事に対してルーズな人間も多く、従業員間のトラブルなどもあったと後に回想している。東はこうした社内事情にうんざりしていたようだ（ちなみに、沖縄旅行社は２００３年に廃業している）。

このままではいけない、何とかしなければという気持ちが、自分自身の中の大きな野望を後押しした。東は、仲間を誘って自分たちの会社を創る決心を固めた。

創業に向けての準備が始まった。初代社長には28歳の東が就任することになり、資本金をどうするか、事務所をどこに置くかなど、設立に向けての細かな準備が着々と進められた。

若者たちの熱い想いが一つになり、のちに、沖縄の観光産業の中心となる企業の息吹が聞こえ始めていた。

第2章

沖縄ツーリスト創立と復帰前の沖縄観光

〈1958年～1972年〉

「もはや戦後ではない」という一文が経済白書に登場したのが１９５６年。石原慎太郎の「太陽の季節」がベストセラーになる。また、１９５８年5月には戦争犯罪者収容所として使われていた巣鴨プリズンからすべての人が釈放され、同施設は日本に返還された。このように本土では、戦争の跡がどんどん消えていた。一方、沖縄では、米国民政府による支配が続いていた。戦後ムードどころか、街には軍服姿のアメリカ軍人が多数往来していた。１９５８年秋、まだ暑さが残る10月、沖縄ツーリストは創業した。

✺沖縄ツーリストの誕生

沖縄ツーリストは、終戦から13年が経過した１９５８年10月１日に産声をあげた。東良恒、宮里政欣をはじめとした20歳～30歳代の６人の若者による創業で、資本金は３万ドル（１ドル＝３６０円）だった。初代社長には東良恒が就任した。

東は、企業設立の目的として、後にこう述べている。

《この頃、本土から訪れる観光客（著者注：当時はまだ観光客という言葉は一般的ではなかった）を専門に受け入れる会社はありませんでした。そこで受け入れ専門（著者注：の会社として）として出発したのです》（沖縄観光速報社刊『観光とけいざい』２０４号別冊、「沖縄ツーリスト創立25周年特集」におけるインタビュー記事より）

事業は、現在沖縄ツーリストの本社がある場所（那覇市松尾）にあった2階建てのビルを借りて始まった。現在の本社ビルは当初のビルを買い取って、創業40年目の１９９７年に建て替えられた。沖縄ツーリストは創業以来、ずっとこの場所を本拠地としている。

また、現在では一般になじみのある〈ツーリスト〉という名称であるが、そこには込められた想いがあった。前記のインタビューで東はこう語っている。

《当時は全国的にも「旅行社」というのが一般的で、近畿日本ツーリストがただ一社だけ「ツーリスト」を名乗っていた時代です。（中略）ツーリストには、単に渡航手続きをするだけでなく、「案内」をするという意味がある。これが「ツーリスト」創立の原点です》

ここで創業の年、１９５８年の沖縄と日本本土の様相をまとめておきたい。

「もはや戦後ではない」と経済白書に書かれたのは、その2年前の１９５６年。沖縄は焼け野原からずいぶんと復興しており、落ち着きを取り戻していた。戦後から使われていたアメリカ軍の通貨B円もこの年で使用が終わり、同年9月16日からは米ドルに切り替えられた。この頃の沖縄の人口は約85万人で、国勢調査の度に人口は10%以上の伸びを示していた。ちなみに、同年10月15日には、後に２０００円札に描かれる守礼門が復元されている。

日本本土では、11月に正田美智子さんが皇太子妃に内定、年末には東京タワーが完成している。

この頃の沖縄への入域者数は年間1万人を超える程度で、行政関係者、建設業者などビジネスでの訪問がほとんどだった。一方、後述する本土からの慰霊参拝が少しずつ増え始めていた。観光目的の旅行者は少なく、ホテルらしいホテルは、１９４８年に開業した球陽館、１９５１年に再開業した沖縄ホテル、１９５２年開業の琉球ホテルぐらいだった。

沖縄ホテルは、戦前の１９４１年に那覇市波之上に開業。沖縄の観光ホテル第一号と言われていた。日本本土でも格式のあるホテルが少なかった時代に、日本軍の高級軍人が泊まるなど、沖縄での最高のステイタスを誇っていたホテルだった。しかし１９４５年、沖縄戦で焼失してしまった。

その後、１９５１年、創業者宮里定三氏により、現在も営業している那覇市大道の地に７室の小さな宿泊施設として再興された。しばらくして、旅館棟、ホテル棟が完成し部屋数が増え、芸術家や文筆家など多くの著名人が宿泊するホテルとなった。

ちなみに、宮里定三氏は、１９７０年から１９８８年まで沖縄県観光連盟の会長を務め、沖縄の観光産業の発展、特に宿泊産業の発展に力を注いだ人物であるが、１９９９年に86歳で亡くなった。

以降、宮里一郎氏が二代目として同ホテルを継承。同氏は、沖縄県ホテル旅館生活衛生同業組合および那覇市観光ホテル旅館事業協同組合の理事長として沖縄観光を牽引している。

1954年からJALが羽田＝那覇間を就航させてはいたが、航空運賃がかなりの高額だったため、沖縄～本土間の移動の中心は、依然として海路であった。

この頃の沖縄では、航空券をはじめとする各種交通機関や宿泊施設の手配などを取り扱う業者はそれほど多くなく、かつて東や宮里が勤めていた沖縄旅行社やリウボウ旅行社などが営業していた程度だ。

✺慰霊参拝団の受け入れに奔走

創業して間もなくの沖縄ツーリストは、慰霊団の受け入れや那覇～石垣島間の航空路線の復活のために奔走していた。

沖縄戦では、約9万4000人もの一般の沖縄県民が地上戦に巻き込まれ犠牲となった。また、ほぼ同数の日本軍関係者が戦死しているが、そのうち約6万6000人は日本各地から召集された人たちであった。こうした人々の家族や親戚などが、故人の最期の地となった沖縄を訪れたいと願った。これが、慰霊団という形で実現する。戦後、本土から沖縄への人の動きは、こうした慰霊参拝の受け入れから始まったのだ。

１９５８年の創業後、すぐに沖縄ツーリストは慰霊団の受入業務を開始する。当時はまだ、都道府県や各種組織・団体の慰霊碑も未整備で、ひめゆりの塔や健児の塔の付近でさえ雑草が生い茂っていたという。観光のための専用のバスもなかったので、道のわかる運転手もいない。当時、沖縄ツーリストの受入業務の責任者をした中村源照《げんてる》は、慰霊団を受け入れる前に参拝の目的地を調べ、草刈りをし、舗装もされていない道路の確認をした。花や果物などのお供えものも準備し、バスに搭載した。

中村は「私はこの慰霊団受入に命をかけていました」と沖縄タイムス（２０１２年6月30日）のインタビューに答えている。沖縄県南部が激戦地だったといっても最期の地はまちまちである。中村はできる限り情報を集め、慰霊団の一人ひとりの肉親の最期の場所をつきとめては、自らが運転手になり一緒に周った。遺族からは感謝され、慰霊団が沖縄を去るときには空港で胴上げをされるほどであった。

中村はフィリピン生まれ、自らも遺族である。慰霊団の気持ちは痛いほどわかっていた。いつしか、沖縄ツーリストは、全国各地から慰霊参拝の手配を依頼されるようになっていった。

その後、沖縄戦の歴史と戦跡に詳しいバスガイドの登場や慰霊碑の建立がラッシュとなり、60年代の沖縄は慰霊団の訪問地として多くの人々が訪れることになる。

ちなみに、この頃はまだ「観光客」という名称は使われていなかった。観光客ではなく慰霊団一行。当時の沖縄には、観光スポットと呼べるような場所が整備されていなかったが、慰霊に訪れた人々は、波上宮や復元された守礼門などを見てまわった。

当時の沖縄は、日本国ではなく「外国」であったため、パスポートが必要だった。さらに、米国民政府が発行する入国許可証も必要だった。その際、「身元引受人」が必要であり、沖縄ツーリストが受け入れる旅行者は、前述の中村と社長の東が「身元引受人」となった。

受入団体数が増えるにつれ、問題も発生した。思想や言動がアメリカ政府から要注意とされていた人物の身元も引受けてしまったりしたからである。二人は度々、米国民政府から呼び出され注意を受けた。

しかし、民間の受入旅行会社としては、送客側の旅行会社からの情報以外に事前にチェックするすべはなかったのが現実であった。《本土各地から沖縄に行きたいが身元引受がいないので、沖縄ツーリストに頼もう》（前記インタビュー記事）となったようだ。

「ぜひ、安心して沖縄に来てほしい」

沖縄ツーリストには、自分たちが将来の沖縄観光の礎を築いているんだという熱い想いと自負心があった。

米国民政府（USCAR）からのたびたびの呼び出しにもかかわらず
頭の中では沖縄観光の発展をひたすら願っていた

✺沖縄入域者の増加

今ではホテルやビーチ、観光スポットが整備されている沖縄だが、当時は入域客の受け入れ施設は少なかった。そんな状況の中、訪問者を満足させるために、沖縄ツーリストでは様々な工夫を行っている。

ほとんどの人が、沖縄を訪れるのは初めてである。ならば、まずは第一印象を良くしようと、那覇空港で、お客様の到着を歓迎する様々なイベントを企画し、「おもてなし」をした。

島内の移動の際には、バスに「〇〇様御一行」という横断幕を用意し、車中ではおしぼりや黒糖を提供した。また、琉球料理を供する際には、解説付きの「おしながき」も用意した。お客様がこの「おしながき」を本土へ持ち帰ることで、沖縄旅行の宣伝にもつながった。《施設が充実していない分、努力でカバーした》（前記インタビュー）と東は述懐している。

東は、細かい数字は調べないとわからないとしながらも、《本土からの観光客の70％以上は私どもが扱ったと思います》（前記インタビュー）と述べている。沖縄ツーリスト創業時からの奮闘がよくわかる数字だ。

また、創業4か月後の1959年2月には、国際航空協会（IATA）の公認代理店の認可を得て、航空券の手配業務も行った。これにより、沖縄への受け入れ業務だけでなく、沖縄からの送り出し業務にも乗り出している。

具体的には、沖縄の高校生の修学旅行、社員旅行、団体旅行や、チャーター便を確保しての企画旅行などで、沖縄の人々を本土や海外へ送り出すことにも注力していた。

このようにして、沖縄ツーリストは創業1年目から事業を軌道に乗せ、会社の体力をつけていった。時代を読む先見性と、社員一丸となっての努力の結実だった。

東ら経営幹部だけでなく、社員たちも懸命に働いた。

沖縄でも日本全体でも、一般的な会社の始業時間は午前9時というところが多いが、当時の沖縄ツーリストの始業時間は午前8時半であった。少しでも早く業務を開始することで、実際のビジネス社会が動き出す前に顧客対応の準備を行っていたのである。

また、会議はすべて早朝会議とした。創業当時、水曜日の企画会議、土曜日の販売会議は、当時の沖縄企業としては大変珍しく、午前7時開始だった。前記のインタビューで東は《これらの会議を25年間一回も欠かさずに行っている》と述べている。

本土各地からの慰霊参拝は戦後の１９５０年頃から始まったとされている。そしてその後、沖縄には、本土各県により、慰霊碑や慰霊塔が建てられていった。各県の慰霊碑が増えていくことで、そこを訪れる人たちも増加した。それに合わせるように航空路も増便されていった。1954年に羽田＝那覇間を就航させたJALはその後、那覇を福岡、大阪とも結んだ。また、ANAも沖縄路線を就航させている。

前述したように、戦後しばらく、沖縄への旅は主に慰霊参拝や戦跡巡りだった。しかし、沖縄の本土復帰が近づくにつれて、一般の観光客が徐々に増えていった。

一方、1960年代半ばくらいからは、「沖縄買い物ツアー」が定着し始めていた。これは1950年代の所得倍増政策、高度経済成長により、本土に住む日本国民の生活が徐々に豊かになってきたことが一因だろう。

関税が高かった本土では容易に手に入りにくい腕時計、万年筆などの外国製品（舶来モノ）を、沖縄では安価で入手できた。戦火で多くの観光スポットを失った沖縄にとって、「外国製品を安く買える」ことは、大きな吸引力となった。1972年の復帰後も洋酒や香水などの関税の戻税制度は存続し、1人3本まで持ち帰りが許可されたウイスキーやブランデーを求めて那覇空港の戻税売店は列ができるほどであった。

その後は、円高や日本の関税引き下げなどで戻税制度は効果が薄くなり2002年に廃止されるが、その代わり、国内であるのに日本人対象の免税店（現DFSギャラリア沖縄）が設置されることになった。

✺那覇＝石垣の航空便復活を目指す

沖縄ツーリストが創業時に、まず力を注いだのは、先に述べた慰霊参拝団の受け入れと、運航休止となっていた那覇＝石垣間の航空機の就航であった。沖縄ツーリストは独自に、台湾のＣＡＴ（シビル・エア・トランスポート）社と契約を結び、航空機を借り入れ、那覇＝石垣の定期運航を再開する準備を進めていた。運賃も運航休止前の27ドルから24ドルに設定することを決めていた。ところが、沖縄旅行社からクレームがつき、結局、行政機関の指示により断念せざるを得なくなる。

運航を再開した沖縄旅行社は、運賃を運航休止前の27ドルと設定したが客足が伸びず、24ドルに引き下げた。これにより乗客が増えていった。わずか３ドル（11％）の差だが沖縄ツーリストは市場のニーズをとらえていた。

その後、沖縄旅行社は航空事業を琉球航空社に譲渡し、那覇と宮古、石垣を結ぶ路線は、沖縄の本土復帰まで運航された。琉球航空社は、のちに南西航空となる。

沖縄の本土復帰が近づくにつれ、那覇空港と各地を結ぶ航空座席数の確保をどうするかについて、様々な意見が出された。日本本土の航空会社（日本航空）、あるいはアメリカ系航空会社などへの運航要請も検討されたが、沖縄ツーリストは、大胆にも自前で航空機を買う決断をする。全権委任された宮里は、米国へ飛び中古の飛行機を物色する。事前にも下調べをして出向いたわけだが、手持ち資金の枠では、航空機本体は買えても、同額程度の予備の部品代金、そして、維持・管理にかかるコストを捻出するのは無理と判断した。

自社での航空会社設立の夢はあっけなく絶たれたが、その後、沖縄ツーリストは貪欲にチャーター便での企画を仕掛けるようになる。

✺沖縄県内の営業所展開

創業から2年が経過し、1960年代に入ると顧客も旅行の取扱量も徐々に増えてきた。それに伴い、沖縄における営業の地盤固めを進めていった。

沖縄ツーリストは、本店営業所を国際通りに面した松尾に設置。そして、アメリカでJ・F・ケネディが大統領選で旋風を巻き起こしていた1960年の3月には営業所第1号店を本島中部のコザ（現沖縄市）に開設した。その8月には、現在の社長である東良和が東良恒の第一子・長男として生まれる。

第2号店は、1963年8月に開設した名護営業所である。当時、名護市を拠点として営業していた北部旅行社を吸収合併しての設置だった。ちなみに、その年の夏の甲子園大会では、首里高校が日大山形高校に勝利し、沖縄県勢として甲子園初勝利をあげている。

また、人々の移動手段が、船から飛行機へ変わりつつあるなか、那覇との往来が激しくなってきた石垣島に、1964年7月、石垣営業所を設置した。さらに、1968年10月には宮古島に営業所を設置した。先に述べたように、両島ともまだ観光客が訪問することは珍しく、業務のほとんどは島民への航空券販売であった。

本土から沖縄への「買い物ツアー」が定着し、観光客が増えた1960年代半ばからは、沖縄本島に次々に営業所をオープンさせた。

那覇市内では、1966年1月に大型店舗として那覇営業所、本土復帰1か月前の1972年4月に牧志営業所、1973年に首里営業所を開設し、沖縄ツーリストは沖縄最大の旅行会社に成長していった。

✺積極的な本土展開

沖縄での地盤固めを進めると同時に、本土においても営業拠点の開設に注力した。その第一弾が東京事務所の開設だ。１９６６年7月のことだった。

その前年の１９６５年8月、当時の総理大臣佐藤栄作が、戦後の総理として初めて沖縄を訪問した。その際、佐藤総理は「沖縄の祖国復帰が実現しない限り戦後は終わっていない」と表明し、沖縄の日本復帰は動き始めた。

さらに、時は高度経済成長の真っただ中、新幹線も開通（東京＝新大阪間）、航空機の便数も各段に増えていた。沖縄から本土各地へ、本土各地から沖縄へ、それぞれの送り出しと受け入れの業務拠点が必要となっていた。東京営業所の開設は、このような背景によるものである。

当時、沖縄の旅行会社は、日本旅行業協会（ＪＡＴＡ）への業者登録の認定を得ることができなかった。そのため、登録に際しては、本社を那覇だけでなく、東京にも構える企業として申請した。これにより、本土復帰前年の１９７１年に沖縄ツーリストは、ＪＡＴＡに加盟することができた。

こうして、本土から沖縄への送客業務が始まった。１９８０年代に入ると、その数は爆発的に増えることになる。

その後、１９６９年2月には鹿児島営業所を開設。当時、飛行機で本土に向かうにはまだ航空運賃が高く、沖縄の多くの一般の人々や修学旅行生たちは船で鹿児島に渡り、そこから夜行列車に乗って福岡、大阪、そして東京へ向かった。このように、ある時点までは、鹿児島は沖縄にとって本土への玄関口でもあった。鹿児島市内中心部の国道10号と３号の分岐点から鹿児島港に向かう約７００メートルの国道58号線が、鹿児島と沖縄の関係性を示している。なぜなら、国道58号は、鹿児島市内から、種子島・奄美大島を経て沖縄本島に至っているからである（もちろん、各島間が橋でつながっているわけではないが）。時間が経つにつれ海路利用者は減少し、また、那覇＝鹿児島間の航空路線も往時と比べると減少していることから、観光における鹿児島と沖縄の関係性は薄くなっている。

東京、鹿児島に次いで、本土３店舗目の営業所は１９７０年２月大阪に開設された。大阪に営業所を開設した主な理由は２つだ。

１つは、東京、鹿児島と同じく、大阪は多くの沖縄の人々が移り住むなど、沖縄との交流が盛んな地域だったこと。２つめは、１９７０年に大阪万博（正式名称は日本万国博覧会）が開催されたことだ。日本初の大阪万博は同年３月14日から１８３日間開催された。会場へは、国内外から、延べ６４２１万人が訪れ、当時は、史上最大規模の万博と言われた。

沖縄ツーリストでは、延べ１万人を超える人たちを沖縄から大阪万博へ送り込んだ。ちなみに、日本における２番目の国際博覧会は、１９７５年に沖縄県の本土復帰記念事業として開催された沖縄海洋博である。

本土復帰前の沖縄ツーリストの本土店舗はこの3店舗だけで、他の本土主要都市への出店は復帰後の1973年福岡営業所、1974年名古屋営業所の開設と続く（鹿児島を除き、現在はすべて支店に昇格している）。こうして、沖縄と本土の主要都市の交流を生み出してきたのだ。

現在では、本土地区8都市に支店を配置し、また、北海道にレンタカー部営業所と子会社2社を擁し全国レベルでネットワークを築いている。

✵本土復帰前の沖縄の航空事情

那覇空港は、1933年に日本海軍小禄飛行場として整備されたのが始まりで、1936年には日本航空の前身である日本航空輸送社が、福岡＝那覇＝台湾間の定期便を就航させている。この頃、小禄飛行場は、那覇飛行場と名称を変更している。

その後、戦況悪化により1945年にはアメリカ空軍管理の飛行場となり、以後占領される。

戦後の1947年には、東が勤務していたパンアメリカン航空による東京＝那覇＝香港＝マニラ路線が就航している。1952年には、滑走路、軍関係施設、民間航空区域の工事が始まり、一時的に使用できなくなった（その間は嘉手納飛行場を代用していた）。

１９５３年、日本航空の羽田＝那覇＝香港線が就航。これが日本の航空会社による沖縄への戦後初の乗り入れとなった。同年、那覇飛行場がリニューアルオープン。かまぼこ型兵舎のターミナルビルだった。

１９５６年には、先に述べた沖縄旅行社によるＣＡＴ航空の定期チャーター便運航が、那覇と石垣、宮古間で始まる。これが実現したのは、沖縄旅行社勤務時代の東・宮里の功績によるところが大きい。その後、沖縄旅行社の航空事業は、琉球航空に引き継がれた。同じ頃、沖縄ツーリストなど県内企業により航空機を運航させようという気運が高まるが実現せず、１９６４年にはＣＡＴ社のチャーター便は廃止され、代わりにエア・アメリカ社が琉球列島内（那覇＝石垣、那覇＝宮古間）の運航を担うこととなった。

しかし、使用機材は一機しかなく、また機体の故障などによる欠航が相次ぎ、利用者からの不満が多かった。運航コストなどがかさみ収益が上がらなかったため、エア・アメリカ社は１９６６年に沖縄での運航を中止している。

このため、琉球政府、航空関係者、沖縄経済界などが、新しい航空会社の設立に向けて動き出した。

✺南西航空の誕生

新しい航空会社設立の動きは、現実感を帯びてきた日本本土復帰を睨んだもので、沖縄の力で航空会社を創ろうという試みだった。

エア・アメリカ社が運航していた路線については、紆余曲折の末、沖縄の人々の感情も考慮した政治的判断により、日本航空と沖縄財界が出資する琉球航空との合弁会社を設立し、その会社が引き継ぐこととなった。これが、南西航空（ＳＷＡＬ）社の起こりである。出資比率は、日本航空51、琉球航空49。役員構成もこれに従い、琉球航空側も発言権を維持した。

南西航空は１９６７年７月１日に創業、ＣＶ‐２４０二機、ビーチＨ‐18（ビーチクラフト）一機の計三機で運航を開始した。初期の就航路線は、那覇＝石垣・宮古・久米島・南大東間、宮古＝石垣間、石垣＝与那国間の６路線だった。１９６８年からは、国産機体ＹＳ‐11が三機導入された。それらの機体の名称は一般公募され、沖縄を代表する樹木など、沖縄の人々に親しみがある名前が付けられた（三機の名称は「ゆうな」「ばしょう」「あだん」）。

その後南西航空は、１９９３年７月にＪＡＬグループの一員となり、社名を日本トランスオーシャン航空（ＪＴＡ）に変更している。

南西航空の旅客機YS-11

✺定期観光バス事業「沖縄グレイライン」

日本本土の高度経済成長に伴い、観光目的の入域者が増えてきた。また、アメリカを中心に海外からの観光客も増加してきた。こうした観光客に効率よく観光スポットを周ってもらおうと、沖縄ツーリストは、名所旧跡を巡る定期観光バスの運行を企画した。アメリカで観光バス事業を展開していた「グレイライン」に倣って、「沖縄グレイライン」という名称とし、バス会社に運行を申し入れた。

しかし、バス会社としては需要がよめないことから、定期運行はできないと判断していた。このため、最終的には沖縄ツーリストがバスを貸し切って運行することになった。それほど、この事業の可能性を信じていたのだ。

沖縄グレイラインは1968年秋から事業を開始した。日本語のガイドと海外からの旅行客のために英語を話せるガイドを同乗させ、沖縄本島の北部コースと南部コースの二路線を用意した（一日ごとの交互運行）。

当時、まだまだ観光客をもてなすということに慣れていなかった交通機関関係者も多かったが、そんな中、利用客へのサービスを徹底した。こうした努力もあり、沖縄グレイラインによ

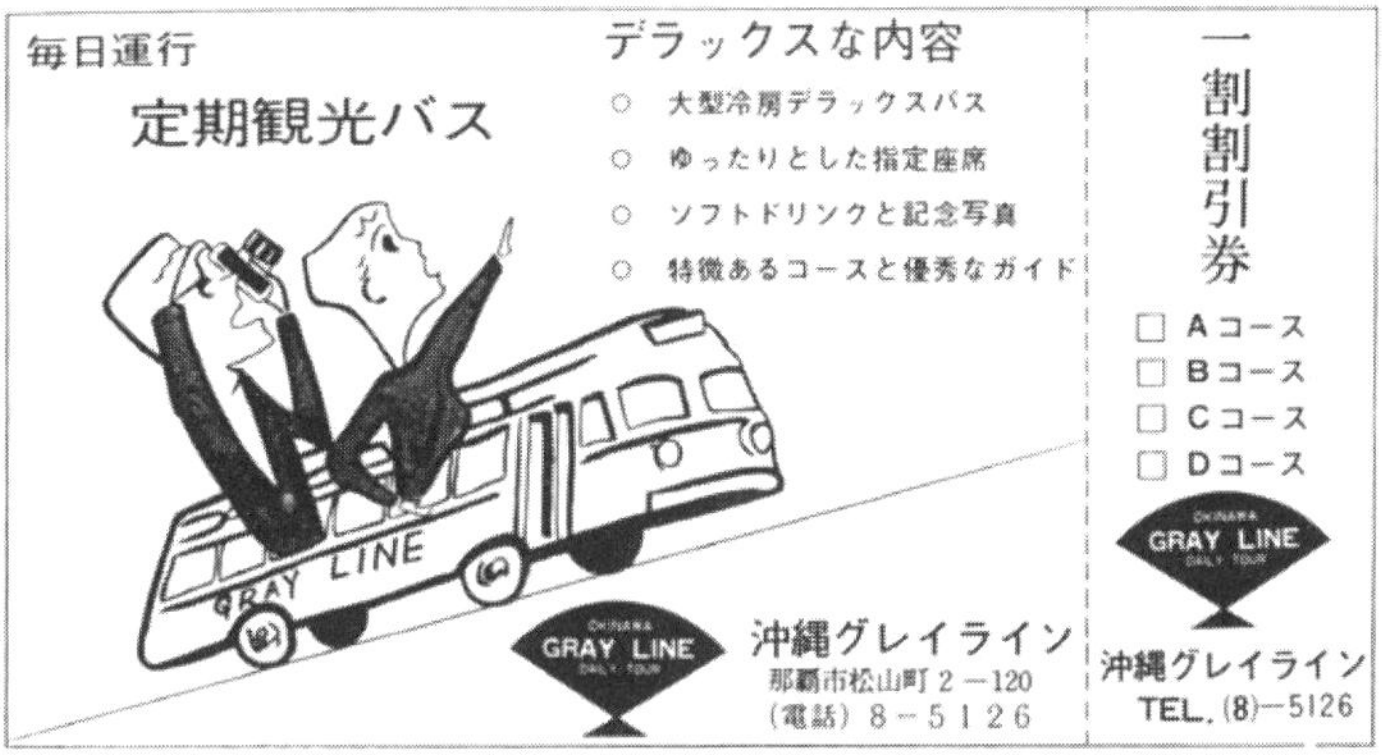

「沖縄グレイライン」の割引チケット

「沖縄グレイライン」の観光記念写真

るバスの運行は開始数か月で黒字となり、軌道に乗った。

沖縄グレイラインは、沖縄で初めて本格的に行われた定期観光バス事業だったと言えよう。沖縄ツーリストは、ここでも沖縄観光の新たなスタイルを開拓している。

しかし、軌道に乗りはじめ順調だった定期観光バス事業に、思わぬ横槍が入った。当時の琉球政府から「バス営業法」に抵触するという通達が来たのである。当時、レンタカー事業を申請していた絡みもあり、結局、沖縄ツーリストは、沖縄グレイラインバスを休止することにした。

この頃になると、観光バス事業開始前には需要が見込めないとしていたバス会社も、定期観光バスを走らせるようになっていた。沖縄グレイラインは、まさに沖縄における定期観光バスの先がけだった。

✺レンタカー事業への進出

沖縄ツーリストが手掛けるレンタカー事業は、2013年、売上高約27億円（総取扱い高の約8％）を見通している。車両保有台数は約2900台で地元資本の企業としてはナンバーワン、沖縄県で展開する本土資本を含めた全レンタカー事業者の中でも五本の指に入る。

定期観光バス事業を廃止するかわりにレンタカー事業が認可された

今でこそ、沖縄を訪れる観光客の大半はレンタカーを借りているが（移動手段としては第一位）、かつてはそうではなかった。現在、県内では、夏のハイシーズンはもとより、一年中「わ」ナンバーの車が多数見られる。

沖縄ツーリストがレンタカー事業を始めたのは、本土復帰2年前の１９７０年のことで、沖縄第一号のレンタカー事業だった。当初は、中古外車を10台保有し、顧客は主に米軍関係者だった。

現在では、沖縄を訪れる観光客のうち団体旅行客を除けば、その大半がレンタカーを借りて島内を移動している。２００３年にはモノレールが開通したが、それでも大半の個人旅行客は、空港から送迎バスに乗りレンタカーパーキングに向かって、車を調達している。

こう考えると、当時の沖縄ツーリストの経営陣は優れた先見の明を持っていたと言ってもいいだろう。

レンタカー事業の許可を当局から得るまでには紆余曲折があった。

当時は、レンタカーという事業自体が知られておらず、「このような商売はない」と却下されてしまったのだ。また当時営んでいた定期観光バス事業と並行してのビジネスは許可できないとの見解が示されたため、結局、観光バス事業の沖縄グレイラインを廃止することを条件に、沖縄で初めてレンタカー事業の許可が下りたのである。

✺沖縄の日本復帰

１９７２年５月15日、沖縄は本土復帰を果たした。終戦から27年、サンフランシスコ平和条約の発効以降、20年もの長期にわたり、沖縄はアメリカの施政権下にあった。

アメリカ軍は沖縄本島をはじめ周辺離島にも多数の基地を作り、ベトナム戦争の時には重要拠点基地として使った。

こうした緊張状態が続く中で、島の中では軍による悪質な犯罪や事故が相次いだ。島民たちは「島ぐるみ闘争」として戦い、沖縄の本土復帰を目指した。

そしてついに、１９６９年の佐藤・ニクソン日米首脳会談において、沖縄の日本復帰が約束された。これに基づき１９７１年６月に沖縄返還協定が締結され、正式に沖縄の本土復帰の日が決められたのである。

沖縄の本土復帰が決まると、沖縄の産業や経済・インフラ振興において、これまでの延長線上として琉球政府（＝沖縄県）がアメリカ企業との連携で行うのか、日本本土企業や日本政府の主導の下で行うのかなど、様々な議論が交わされたが、結局日本企業、日本政府の主導で行われることになった。

例えば、沖縄電力は、１９５４年に米国民政府の出資により創業した琉球電力公社を引き継いだ会社であったが、１９７２年には、日本政府と沖縄県が出資した特殊企業として生まれ変わっている。

こうした動きとともに、本土企業も復帰を睨んで沖縄への進出を試み始めた。沖縄の県紙の一つである琉球新報の復帰当日の紙面には、「沖縄の皆さんこんにちは」というメッセージ広告を掲載している本土企業がたくさん見られる。復帰時の人口は約96万人。新しい市場とみなしていたのだろう。

こうして27年にわたるアメリカ軍政権の歴史に幕が下ろされた。アメリカ世《ゆ》から大和世《ゆ》へ再び戻ったのだ。

第3章

観光地としての沖縄の発展

〈1972年～1999年〉

1972年5月15日、沖縄は再び日本国の一県となった。日本本土に住む誰もが沖縄の祖国復帰を喜んだ。復帰の当日午前0時、沖縄県下では一斉にサイレンが鳴り響き、「今からは日本国の一県に戻る」合図が県民に伝えられた。

当日の琉球新報はとても分厚い新聞だった。今回の執筆に際し、その現物を見た。紙面には喜びと戸惑い、引き続き背負うことになる基地の問題など様々な記事が載っているが、特に目立つのが本土企業の企業広告である。

すでに沖縄に支店を構え進出している企業、地元資本と合弁会社を設立した企業、あるいは、本土に居ながら沖縄を新市場ととらえている企業、など様々であるが、95万人（当時）を超える人が住む新市場であり、これから所得水準が向上する可能性がある地域に向けて、企業名や商品名をアピールしている。しかし、27年間の占領下にあった沖縄の経済レベルと高度経済成長を経て世界第二位のGNPを誇っていた日本本土とは、大きな格差があった。沖縄の復帰に際して、こうした経済格差をどうするかは、日本政府にとっても沖縄県側にとっても大きな課題だった。

本土企業が一気に沖縄県に進出すると、沖縄の地場産業は危機にさらされる。そこで、事実上一定の規制をかけて地場企業を守った。そしてさらに、新たな基幹産業を創出することが求められた。そこに浮上してきたのが「観光産業」だった。

✺沖縄国際海洋博覧会（海洋博）によって進むインフラ整備

海洋博については、これまで詳細な分析や議論が展開されている。本土へ復帰したばかりの沖縄に大きな進化と変化をもたらしたという意味において、本土復帰後から現在に至るまでの沖縄社会における大きな出来事である。さらには沖縄観光産業にとっては最大の出来事の一つと言っていいだろう。

ここでは、海洋博について沖縄の観光発展という側面から述べていきたい。

まずは、海洋博の開催概要である。

海洋博（沖縄国際海洋博覧会）は、沖縄本島の本部《もとぶ》半島において１９７５年７月20日から翌１９７６年１月18日までの１８３日間開催された。マスコミなどの事前報道では「県外から５００万人を超える観光客が来る」などと報じられていたが、最終的な県内外・海外からの総入場者数は３４９万人と、目標の４５０万人に大きく及ばなかった。

１９７５年に沖縄県を訪れた県外（海外含む）からの入域者数は１５５万８０００人だった。復帰翌年の１９７３年の入域者数が約74万人、海洋博開催前年の１９７４年が80万人だったから約2倍になっているものの、過剰な期待と見当違いとも言える予測により、大きくアテが外れた結果となった。こんな中、沖縄ツーリストでは、12万５０００人の県外客の海洋博受入業務を行った。

海洋博でひときわ注目を集めたのが、本部半島の海洋博会場の沖合に浮かぶ「アクアポリス」だった。１２０億円を超える巨費を投じて作られた、まさに海洋博のシンボルとも言えるもので、手塚治虫がプロデューサー的な役割を担い、構想を練ったことでも注目を集めた。手塚の構想した「海上都市」という未来への夢のあるコンセプトで人気のパビリオンだった。アクアポリスは、日本政府が海洋博に出展したもので、半潜水型浮遊式海洋構造物で、未来の海上都市をイメージして作られた（アクアポリスはその後、１９９３年に休館、２０００年には解体され、その姿を消した）。

次に、開催までの経緯について簡単に触れておこう。

１９７０年、博覧会の管轄省庁である通産省（現経済産業省）が沖縄の本土復帰を見越して、その記念事業として沖縄での博覧会開催を検討していることが明らかになり、気運が高まった。

正式には本土復帰の前年１９７１年10月の閣議を経て、国際博覧会の決定機関であるＢＩＥ

海洋博会場の沖合に浮かぶ「アクアポリス」

(the Bureau of International Expositions：国際博覧会事務局）に申請が出され、翌1972年5月に開催が承認された。

海洋博の開催に先立ち、ヨーロッパやアジア各国から沖縄への事前視察ツアーが行われ、その受け入れ業務を沖縄ツーリストが担った。ヨーロッパではドイツ・フランス・イタリアなど、アジアでは香港・インドネシア・シンガポールなどの視察団を、会場予定地だけでなく県内各地へ案内した。

こうした世界各国からの団体客を、ほぼ同時期に受け入れる体制が整っており、英語、北京語、広東語（中国広東省や香港などの言語）ができるガイドを配置できたのは、沖縄の旅行会社では沖縄ツーリストだけであった。

また、沖縄ツーリストは、海洋博開催が決まって以降、本土への出店も強化した。福岡（1973年11月）、名古屋（1974年10月）に営業所を開設し、これで東京・大阪・名古屋・福岡と、沖縄との航空路線のうち便数の多い主要都市に送客拠点を構えることができた。

本土復帰に伴い、「沖縄振興開発特別措置法」が制定された。これは、これまで沖縄が置かれてきた状況を考慮し、日本本土との経済格差、社会インフラ整備などの著しい格差を是正し、沖縄県が自立的に発展を促すことを目的とするものである。具体的な計画である「第一次沖縄振興開発計画」（内閣総理大臣が決定）では、社会資本の整備とともに、海洋博の開催と受け入れ態勢の整備を図ることが盛り込まれた。特に、復興記念事業である海洋博については、今後の観光振興、海洋開発などの推進を図るうえでの重要なイベントと位置づけられ、海洋博会場を沖縄観光開発の拠点として整備することが具体的に示された。この中で「観光が沖縄の主要産業である」と初めて位置づけられた。

このような計画の中で、各種整備が進んでいった。海洋博という観光産業に直結するイベントに関係して整備するわけだから、当然観光基盤に関する投資が圧倒的に多かった。

道路関連では、後に沖縄自動車道となる石川～名護（許田）間の高速道路建設、名護から海洋博会場までの道路整備、那覇から名護に至る既存道路（国道58号線）の拡幅工事などが進められた。

続いて航空関係では、県外や海外からの受け入れに欠かせない那覇空港の整備（ターミナルビルなど）が行われた。海洋博会場の向かいにある伊江島には、それまで米軍の滑走路があったが、これに並行する形で民間航空用の滑走路とターミナルが作られた。この伊江島空港には海洋博期間中、全日空と南西航空が就航した。博覧会終了後も南西航空は定期便を運航していたが、その後利用客が少なくなり１９７７年に定期路線は廃止されている。その後は使われていなかった伊江島空港だったが、沖縄ツーリストも一時関係した航空会社エアードルフィン社が１９９４年から２００８年の間、チャーター便を運航していた。

このほか、振興開発計画には、平和祈念公園など観光スポットになり得る公園の整備も盛り込まれた。

結果的に海洋博関連事業には、総額３２００億円が投入されたが、その80％近くが公共事業費だったと言われている。これに伴い、多くの雇用が生まれた。

海洋博開催に合わせて、沖縄本島の中心地である那覇市、会場近くの本部エリア、そして後にリゾートホテルのメッカとなる北部西海岸エリアなどに続々とホテルが建設された。投資総額は５００億円を超えていたと言われ、この期間に沖縄の宿泊事情は一変した。本土復帰年の１９７２年と海洋博開催年の１９７５年を比べると、客室数は約３倍に増加している。

沖縄本島北部西海岸エリアのリゾートホテルについては、後で詳しく述べる。

✺海洋博の功罪

海洋博の来場者は目標数に大きく届かなかったものの、沖縄県は、前年の2倍以上の入域者を迎え入れた。来場者が目標を下回った大きな理由の一つには、本土の経済成長にブレーキがかかったことが挙げられる。１９７３年末頃に始まるオイルショックにより、翌１９７４年の一年間で国内の物価は20％以上上昇した。日本経済は、高度経済成長を経てもなお、こうした外部要因によるもろさがあることが露呈した。

海洋博がもたらした最大の効果は、日本国内はもとより世界中に沖縄の文化や社会情勢を伝えたことだろう。国内には「海洋観光の島・沖縄県」のイメージを深く浸透させ、海外へは悲惨な戦争からの復興をイメージづけた。

本章の冒頭で述べた、観光を基幹産業とする取り組みは、この時から始まったわけだが、その取り組みは、海洋博を通じて日本国内に向けて「青い海、青い空」という沖縄のイメージ付けから始まったのだ。

さらに、道路・港・空港などの社会的インフラが各地で整備され、沖縄経済の成長と県民の生活環境（利便性・快適さ）が改善された。この時に、これまで以上に建設産業が大きく成長した。現在の沖縄の三大産業は「観光・建設・基地」（通称３Ｋ）であるが、このうちの二つ「観光」「建設」が海洋博を契機に大きく飛躍したのだ。

本土復帰に際して、戦後高度経済成長を果たした日本本土経済と沖縄経済との間には大きな格差があった。これは沖縄県にとっても日本国政府にとっても大きな課題であった。沖縄のインフラ整備はもちろんのこと、経済格差を縮めるためには基幹産業を育成する必要があった。

これは明治期における日本の殖産興業策と同じだ。

しかし、新たな産業を興すためには時間がかかるし、また、沖縄という島嶼県にとって、産業振興に不利な条件も多かった。例えば、第一次産業（農業・漁業）では、当時の船中心の物流では輸送に時間がかかり鮮度が落ちてしまう。さらには輸送コストもかさむ。また、第二次産業（製造業）では、当時の県内人口約１００万人では市場規模が小さすぎるし、人口が多い本土への移送にはコストがかかり、価格競争力が問題となる。

これらの問題は、例えば飛行機での物流など、現在では大幅に改善されているが、当時はかなりハードルが高い状況だった。ちなみに、現在のようなＩＴ社会では距離のハンディは減っているし、日本国内市場の衰退傾向からアジア各地に有望市場が移っているため、沖縄の立地条件が有利になる要素も多い。


話を戻すと、こうしたハンディの中で、本土復帰直後という条件下でも、ある種てっとり早く成長が期待できる産業として、日本政府や沖縄県は旅行業、ホテル業などの観光産業に力を入れようとしたのだろう。そのスタートを切る起爆剤として、海洋博が開催されたという見方もできる。

一方、海洋博による負の影響があったことも見逃せない。

観光客が大挙して押し寄せたことで需給のバランスが崩れ、その影響で物価は上昇し、沖縄県民の日常生活はその影響をもろに受けた。

また、海洋博に向けて一気に事業が行われたため巨額のお金が動いたが、海洋博終了後は、仕事が半減し景気後退を招く結果となってしまった。そのため、倒産する企業も少なくなかった。

観光産業においても、海洋博の終わった１９７６年の沖縄県の入域者は83・６万人と文字通り半減したことから、ホテルは供給過剰の状態となり、閉館する施設も現れた。

沖縄への観光が一過性のブームなのか、これからも観光地として国内外に存在感を示せるのか。まさに正念場に立たされていた。待っていれば観光客が来るという甘い考えでは沖縄観光は進展しないことがはっきりとしたのだ。

✺西海岸に続々とオープンするリゾートホテル

沖縄におけるリゾートホテルの幕開けは、国場組が手掛けたホテルムーンビーチの開業だろう。このホテルは、海洋博の開催とほぼ同時期に、沖縄本島北部西海岸の恩納《おんな》村にオープンした。以後、沖縄のリゾートホテルと言えば、沖縄資本、本土資本、海外資本、いずれのホテルも、たいてい恩納村を中心とした北部エリアで展開されている。沈む夕陽が綺麗でロマンティックな景色が楽しめるということで、西海岸エリアはリゾートホテル立地の定番となった。

また、ホテルムーンビーチは、その名の通り、三日月の形状をした天然の海水浴場「ムーンビーチ」に面しており、宿泊客にとってのプライベートビーチとして注目を集めた。これは、ハワイなど海洋リゾートを参考にして作られたものだった。

ホテルの客室から水着を着たままビーチに行くことができるスタイルの走りとして、その後建てられる沖縄リゾートホテルのモデルとなり、観光客から人気を博した。

海洋博の翌年に観光客が大幅に減少したことはすでに述べたが、その落ち込みは一年だけで、1977年以後、観光客数は再び増加に転じている。これは、沖縄県などの行政によるさらなる観光基盤整備と観光客誘致活動、そして沖縄ツーリストをはじめとした観光関連企業による観光客呼び込み努力によるものだ。

入域観光客数の推移をみると、海洋博開催年の1975年は、前年の約2倍増で155万人、1976年はその反動から83万人と大きく落ち込んだ。観光収入も約1200億円から約600億円へと半減した。

その影響もあったのか、1977年からは、航空会社が包括割引運賃制度を導入し航空運賃が下がり、沖縄旅行に割安感が出た。こうしたこともあり、１９７７年の入域観光客数は１２０万人と大きく回復した。そして１９７８年には海洋博開催年と同水準の１５０万人にまで増加し、１９７９年にはさらに大きく伸びて１８０万人を突破、海洋博開催年の水準を超え、観光収入も増えていった。

これは、一時的なイベントであった海洋博の効果により沖縄の観光ビジネスが産業として定着したことを意味している。

観光客数増加を加速させたのが、日本の二大航空会社であるＪＡＬとＡＮＡによる沖縄キャンペーンである。これは当時、「ＪＡＬ・ＡＮＡ戦争」と呼ばれるほど過熱していた。その背景には、本土各地～沖縄間の乗客の増加を図るだけでなく、沖縄に自己資本によるリゾートホテルの建設・運営というビジネスを始めたことが挙げられる。ＡＮＡは１９８３年、ホテルムーンビーチなどが並ぶ恩納村西海岸エリアにＡＮＡ万座ビーチホテルを開業、一方ＪＡＬは、１９７８年、沖縄本島の本部半島のさらに奥にＪＡＬプライベートリゾートオクマを開業した。

沖縄キャンペーンは、１９７７年から本格的に始まった。夏が近づくと、旅行会社の店頭に色とりどりのパンフレットが並び、沖縄旅行のテレビＣＭが流れる。印象的なキャッチコピーやキャンペーンソング、そしてキャンペーンガールなど、沖縄を強烈に印象付けるマーケティング活動が行われた。こうした一連のパッケージ化されたキャンペーンを航空会社が精力的に行ったことでマリンリゾート沖縄のイメージはどんどん定着し、あこがれの旅行先となっていった。

1970年代以降は、山下達郎ら人気アーティストによるキャンペーンソングが、観光地としての沖縄のイメージをさらに高めていった。

沖縄本島西海岸エリアに続々とリゾートホテルがオープンしたことで、受け入れ態勢も整った。この頃に開業した大型リゾートホテルは、本土資本では、大和ハウス工業が残波岬に手掛けた残波岬ロイヤルホテル、当初ラマダを冠したルネッサンスリゾートオキナワ、その他リザンシーパークホテル、サンマリーナホテルなどがある。また沖縄資本では、この後に複数のホテルを展開するかりゆしグループの沖縄かりゆしビーチリゾートなどがある。

＊積極的な沖縄発のチャーター企画

沖縄ツーリストは創業以来、沖縄発着の航空機はもちろん、クルーズ船のチャーター企画も積極的に展開している。

航空機をチャーターした国内旅行としては、2013年2月で第31回（31周年）を迎えた

「柳卓と行く白い北海道」が何といっても代表だろう。全国的にもこれほどロングランで人気が継続しているツアーは極めて稀である。もちろん、長年にわたり琉球放送の人気アナウンサーとして活躍してきた北海道出身の柳卓氏のカリスマ性も大きな魅力の一つであるが、毎回、ツアー終了後の顧客アンケートをもとに、徹底的に内容を改善してきたことが成功の秘訣だろう。

この北海道ツアーは、同時期の他の商品と比べ旅行代金も高いが、チャーター260席が毎年売り出し日に完売する盛況ぶりである。

柳卓氏との企画は、国内だけにとどまらない。1980年代、関西汽船の「さんふらわあ7」をチャーターしての「柳卓と行く愉快な中国の旅」は、当時はまだ観光地として未開拓だった中国へ多くの旅行者を運んだ。1981年の最初の企画は、琉球王朝時代よりゆかりの深い福州市（福建省）を訪れ、地元の人たちと交流し、その後、中国各地での観光を経て、上海から沖縄に帰る船旅であった。

当時の「さんふらわあ7」は、貨客船を改造した船で、客室には二段ベッドが並び、現在のクルーズ船とは比べものにならない設備だったが、その分、船内でのイベントや添乗員たちの手作りのおもてなしで楽しい船旅を演出した。

また当時の中国では、国民が人民服を着用し、道路のほとんどが自転車で埋め尽くされている光景が見られ、今よりも旅の醍醐味を味わえたかもしれない。

国内におけるクルーズ船のチャーター企画では、２０１１年から毎年4月に実施されている「ぱしふぃっくびいなすで行く屋久島」（定員：約５００名）が恒例になっている。

沖縄から奄美・屋久島にかけての南西諸島の４月の海は、爽やかな初夏の風をうけ、高波や台風の心配も少なく船旅にとっては抜群の気候だ。この時期に大型クルーズ船をチャーターする理由は他にもある。

船会社はこの時期、那覇港を定点として東京や大阪から沖縄への誘客、また那覇港から八重山諸島や台湾へのクルーズを企画したいのだが、単独では集客リスクが高いため、那覇港を起点としたクルーズをまるごと買い取ってくれる旅行会社を探していた。

沖縄ツーリストは、閑散期である4月に、東京や大阪から誘客できるのであれば、その点でも沖縄観光に貢献できると考え、自らリスクを負って全室買い取りのチャーター契約に臨んだ。

国際線航空便のチャーター企画は、創業以来55年間、数えきれないほど実施してきた。沖縄ツーリストによる長年のチャーターの実績が礎になって、現在、定期便が就航している路線もある。

琉球放送アナウンサー柳卓氏が同行した、「さんふらわあ7号」を貸し切った中国旅行のパンフレット

31周年を迎えたチャーター便利用「柳卓同行白い北海道」のパンフレット
全国でも有数の超ロングセラー商品となった

長距離のチャーター企画にも果敢に挑戦してきた。２００８年に実施したブラジル・アルゼンチン行きのＢ７４７型機チャーターは、民間初の快挙と言える。ジャンボ機の引退により、この企画は最初で最後となるだろう。

他にも、ニュージーランド、オーストラリア、スイス、ハンガリー、アイスランド、カナダ、ネパール、東南アジアの国々へのチャーター便の企画など枚挙にいとまがない。

なかでも、歴史に残るのは、１９８８年７月、創業間もないドラゴン航空をチャーターし、那覇＝香港間を1年間で47往復運航させた企画であろう。結果から言うと、社員総動員での営業の末、搭乗率は約70％と合格点には達したが、そもそも、これは東の飛行機野郎としての反骨精神に端を発する企画だった。

当時、那覇＝香港間は、日本航空が週2便の定期便を飛ばしていた。これは、福岡＝那覇＝香港という那覇空港を経由する路線だった。航空運賃は高く、また、ゴールデンウィークや年末年始の旅行シーズンになると、福岡からの搭乗客で満席になり、那覇＝香港間の予約は取れない状況であった。

東は那覇空港を始点とする香港路線が欲しかった。この路線での年間47往復は、社員誰もが無茶だと感じたが、敢行した。那覇経由の福岡＝香港線の定期便を就航している日本航空は、これに猛烈に反発し、営業サイドからプレッシャーをかけてきた。空港の旅客サービスから整備までの地上業務は日本航空が請け負うわけであるから、いかに面白くなかったかは理解できる。

その後、那覇＝香港間の定期便が開設されるまでには10年ほどを要した。ドラゴン航空、そしてその親会社のキャセイ・パシフィック航空の沖縄総代理店は、沖縄ツーリストの関連会社のエアーエキスプレスが担うことになる。

沖縄ツーリストのチャーターに取り組む精神は今でも脈々と受け継がれている。

２０１１年７月に中国の海南航空によって開設された北京＝那覇間の定期路線は、航空会社がリスクを回避したいという思惑と、北京発の沖縄旅行市場を優先的に取り込みたいという北京の旅行会社ＣＡＩＳＳＡ社の思惑が一致した。定期便ではあるが１年分の座席のほとんどを買い取り方式とした。沖縄発については、沖縄ツーリストが毎便数十席を年間で買い取った。

一部の座席を買い取るブロック・チャーターは、旅行流通ではよく行われる商慣習である。座席を独占的に買い占めることは、生活路線やビジネス路線など公共性の高い区間では好ましくない。しかし、沖縄のような観光地と周辺の海外大都市を結ぶ路線では、航空会社の収入の柱であるビジネス客が極めて少なく、収益性が低い団体席の場合、時として買い取り方式にしなければ、採算が合わず路線が維持できない。

民間の旅行会社が、リスクを負って座席を買い取ったり、ブロック・チャーターすることで沖縄発着の国際路線を維持しているのである。このような活動も、沖縄観光への貢献として、高く評価されるべきだろう。

✺大型アウトバウンド企画を手がける

1980年代に入ると、沖縄ツーリストは大型アウトバウンド（沖縄県から県外への観光客送り出し）企画をいくつも手掛けた。クルーズ船「さんふらわあ」のチャーターによる中国ツアーもその一つである。

当時最大のアウトバウンド企画といえば、オリオンビール社創立30周年を記念して企画された「花の国際交流使節団」だろう。

「花の国際交流」とは、沖縄県からの移民が多いハワイや南米各国と、花や木の種などの交換を通じて、人的な交流を深めようとするイベントだった。訪問各国の種などは各県人会が事前に準備してくれた。

このツアーは、海外在住の沖縄出身者と花を通じて交流を図ろうとするもので、オリオンビール社が企画し、沖縄ツーリストが旅行を実施した。この国際交流の沖縄での認知度は高く、

２５０人のツアー募集枠はあっという間に集まり、結局２６１人の大交流団が、１９８７年２月、約２週間の行程でハワイや南米４ヵ国を巡った。

多数の沖縄出身者が暮らしている訪問先各国では、エリアごとの県人会が中心となって受け入れ準備を進めていた。オリオンビールの金城名輝社長（当時）を団長とした２６１人は各地で大歓迎を受けた。最初の訪問国ペルーからボリビア、アルゼンチン、ブラジルと周り、ハワイを経て帰国した。沖縄からは緋寒桜などの種子を１万粒、訪問先各国からは熱帯花木10種の種子を譲り受けた。この時の種子は、今でも沖縄で次々と花を咲かせ、県内各地を彩っている。

この企画は、２００８年に多数のメディアに取り上げられた「南米沖縄県民移民１００周年事業」につながっていく。また、１９９０年に初めて開催され、現在も継続して開催されている「世界のウチナーンチュ大会」の先がけともなった。

✵観光地沖縄が急成長した１９８０年代

観光地としての沖縄の地位は１９８０年代にますます向上し、本土復帰の１９７２年に約44万人だった入域観光客数は、１９８９年には２６７万と６倍以上になっていた。１９８０年代はまさに観光地沖縄が急成長した時代だった。

１９８０年代の沖縄ツーリストは、送客、受け入れ、ホテル、交通機関などの予約手配と、多忙を極めた。それに伴い、旅行取扱額も増えていった。

海洋博開催年の１９７５年の旅行取扱額は44億円だったが、１９８０年には3倍の１２１億円、１９８５年には１７０億円、１９９０年には１９７億円と急拡大を遂げていた。海洋博以後の営業拠点の状況を見てみると、沖縄県内では１９７５年に嘉手納、１９７７年に浦添、１９７９年に糸満、しばらく空いて１９８９年に与那原、と営業所を開設している。また、本土では、１９７９年に札幌、１９８０年に仙台、１９８８年に広島、１９８９年に岡山に営業所を開設した。

このように、１９８０年代沖縄ツーリストは、県内での圧倒的な地盤を形成する一方で、本土での沖縄専門旅行会社としての地位を確立し、存在感を高めていった。

沖縄への観光客は右肩上がりに増え続け、１９８２年度に始まった第二次沖縄振興開発計画の目標であった３００万人を１９９１年に突破した。その後、日本経済はバブル崩壊を経験するが、沖縄への観光客はこれを尻目に順調に増えていった。

この当時、離島などに渡る人はまだ少なく、夏に沖縄を訪れる観光客の大半は、西海岸リゾートで数泊するツアーを希望していた。そして最終日に那覇に泊まり、買い物をして帰るという沖縄3、4泊のツアーが最も好評だった。

この右肩上がりの頃、学校が夏休みに入る7月中旬から8月末までの最繁忙期には、沖縄本島西海岸エリアのリゾートホテルの客室供給が需要に追い付かないという事態がたびたび生じていた。リゾートホテルの人気が高く、沖縄ツーリストへの問い合わせも殺到したが、旅行会社でもホテルの確保が難しい状態だったのだ。このことは、繁忙期の飛行機の座席も同様だった。ちなみに、現在では、2000年代に入ってリゾートホテルが続々と開業したため、このような状況は緩和されているが、飛行機の座席は時期によっては不足が続いている。

話を戻すと、大手旅行会社の中には、お客様の要望に応えようと、ホテルが確保できていない状況でも、キャンセルを見越してオーバーブッキングして予約を受けるところもあったようだ。そして当日、リゾートホテルが用意できない場合は、那覇市内などの空室のあるホテルに振り替えていたようだ。「何とかならないだろうか」と、お客様が国際通りの沖縄ツーリスト本店に駆け込んできたことも数え切れないほどであった。

沖縄ツーリストの本土支店の営業部門では、お客様の希望通りのホテルや飛行機が確保できず、悔しい思いをしていた。しかし、沖縄ツーリストでは、着地（沖縄）に根付いた旅行会社としての信頼を失ってはならないとの考えから、確実にホテルが確保できていることを確認してから旅行商品を販売することとしていた。

沖縄への観光客はますます増え続けた。1991年に300万人を超えて以降も、1996年には346万人、そして1998年には400万人を突破した。

✸沖縄ツーリストの新たなステージの始動

この間に、沖縄ツーリストは組織改革を行った。

1994年に東良恒は代表取締役社長の役職を降り、創業メンバーの一人で永年ナンバー2として東を支えてきた宮里政欣が社長に就任した。東は会長職となった。またこの時、現社長の東良和が取締役に就任している。

1996年末から本社ビルの新築工事を開始し、1997年6月には現在の6階建ての本社ビルが完成した。これまでは、創業の場所に建つ2階建てのビルを使ってきたが、社員が増え業務が拡大するにつれ手狭になってきたため、これまでより何倍もの大きさのビルに生まれ変わった。創業以来の立地は、県庁からも近く、国際通りに面する沖縄を代表する一等地である。そこに国際通りの景観に合わせたビルを建てたのだ。

年中観光客が絶えない国際通りは「奇跡の１マイル」と言われ、戦後の沖縄復興の象徴となった。特に本土復帰後は、多種多様な店舗がずらりと並び、昼も夜も観光客がそこで買い物や飲食を楽しんでいる。国際通りの街並みは、その時々で変化してきている。そんな中、沖縄ツーリストは国際通りの最も賑わいのある場所で創業し、現在も変らずその場所に本社ビルを構え、営業している。街が変わっても、そこを通る人が変わっても、地域に根ざした旅行会社として、沖縄の観光産業を支えるという沖縄ツーリストの役割に変わりはない。

沖縄ツーリストは、特徴があり独自性の強い旅行商品の開発に力を入れてきた。その成果を象徴する出来事が、１９９５年６月にあった。

日本旅行作家協会が主催、運輸省が後援する「ツアー・オブ・ザ・イヤー１９９４」を、沖縄ツーリスト新宿支店による「パプアニューギニア・チャーター便特別企画」が受賞したのだ。

このツアーは、当時まだまだ未開の地とされ、観光資源も未開発だったパプアニューギニアに注目した企画旅行であった。沖縄ツーリストでは、現地と交渉し、旅行行程に日本人の大型団体が初めて行くようなスポットを組み込むことに成功した。現地の部族民とのふれあいや学校訪問を通じ、当地の文化や習慣を知るという斬新な内容が評価された。

ニューギニアは太平洋戦時の激戦地の一つで、多くの日本兵が命を落としている。またもともとの住民も戦いに巻き込まれている。こうした歴史を抱える場所であるからこそ何かできることはないだろうか、とも考えた。お互い遠い存在になっていた両国の人々が、当ツアーを通じた交流によって理解し合うことができ、この地を訪れた日本人にとっても、パプアニューギニアの住民にとっても意義ある企画となった。このチャーター企画は１９９４年に6回行われた。

沖縄ツーリストは、このツアーで受賞した賞金を、すべてニューギニア災害救済基金に贈っている。

このツアーの企画を通じて、観光地に送客する旅行会社の役割を改めて考えてみた。

未開の地と呼ばれるような場所へ観光客を送り込むことに対しては、賛否両論があろう。観光客が大挙して押し寄せることによる訪問地の生活、文化、景観等々への悪影響も考えられる。観光客のマナー向上や入場制限などの規制も必要だろう。観光地化されることで、地域経済が潤ったとしても、その反面、地域住民の間に貧富の差が生まれ、平穏に暮らしていた街が一変することを憂う人もいる。

しかし、パプアニューギニアのように、まだまだ未開の地域を世に広め、現地の人との交流を促すことには、訪問する側、訪問される側にとって大きな意義があるのではないだろうか。

この受賞は、この18年後の２０１２年に受賞するツアーグランプリにもつながっていく。

「ツアー・オブ・ザ・イヤー1994」を受賞した
「パプアニューギニア・チャーター便特別企画」での一コマ

✺創業社長、東良恒会長の逝去

不幸は突然やってきた。

１９９９年10月26日午前、沖縄ツーリストを創業し、沖縄の観光産業と航空産業に多大な功績を遺した東良恒が逝去した。東は、１９９９年10月１日の創立記念日当日、全体朝礼で挨拶をした後、体調不良を訴え、自らの運転で病院に向かい、同月26日に帰らぬ人となったのである。死因は間質性肺炎、享年70であった。その８年前に心臓血管のバイパス手術を受けていたため、本人は息苦しさをすっかり心臓のせいだと思い込み、肺を患っていることに気づいていなかった。

東良恒は、好奇心旺盛で、飛行機、旅行、観光など、新しく切り拓いていくものが好きな性格だった。２０００年の九州・沖縄Ｇ８サミットのメイン会場に沖縄が選定され、新しく発行される２０００円札の図柄に守礼門が採用されるなど、沖縄へのさらなる注目が期待される新しい時代の訪れを、東は心から楽しみにしていた。

世界各地で盛大に行われる２０００年のミレニアム・イベントや21世紀への幕開けの瞬間を、どんなにか自らの目で見たかったことだろう。

初代社長の東良恒が1985年のつくば科学万博会場から息子で現社長の東良和あてに投函したポストカプセル郵便。没後２年経った2001年元旦に届く（文字は自筆）。

そんな彼の思いを象徴するかのようなことが起こる。

２００１年元旦。21世紀の門出となるその日、亡くなったはずの東良恒から、現社長の東良和のもとへ一通の年賀状が届いた。消印は、昭和60年３月31日。

それは１９８５年に筑波で開催された国際科学技術博覧会会場から投函されたポストカプセル郵便だった。そこには、息子である東良和に宛て「21世紀は君の時代！　力の限り頑張れ！ご多幸を祈る！」というメッセージが記されていた。東良和は、このハガキの存在を、今日に至るまで秘密にしていた。

50年にもわたって、沖縄の観光産業や航空産業、ひいては沖縄県の産業振興に尽力し続けた人生だった。その功績がたたえられ、没後の１９９９年11月には「従六位勲五等瑞宝章」が贈られた。

東良恒は、１９５８年の沖縄ツーリスト創業から36年間社長を務め、宮里政欣に社長を譲った後も、会長として会社を牽引した。それだけでなく、沖縄県や観光産業などのための公的活動も行った。戦後の沖縄経済界に大きく貢献した人物である。

沖縄観光に人生をかけた東の法名は「沖観院釋良光」。先代住職の時代から関係のある那覇市の大典寺（浄土真宗本願寺派、藤井芳博住職）から授けられた。

1999年10月30日

沖縄ツーリスト株式会社
社　員　の　皆　様　へ

沖縄ツーリスト株式会社
代表取締役社長　宮里政欣

東会長のご逝去にあたって

会社創立以来４１年間、卓越した指導力と積極的な経営展開で、会社をこれまで大きく育ててこられた　東　会　長　が、１０月２６日午前９時５３分入院先の牧港中央病院でお亡くなりになりました。

入院中は東会長の特別の指示により、社内・社外において病状を発表することを控えておりました。社員の皆様には東会長の突然の訃報に驚かれたことと思います。

会社にとっても、あまりの卒然の逝去に痛恨の念を禁じ得ないところであります。

東会長は会社の経営については、常に前向きに、積極的に厳しく対処する一方、社員には、思いやりのある人でした。

生者必滅は天の摂理とはいえ、東会長を失ったことは会社にとって大きな損失であります。しかし、私たちがいくら嘆いても、いかに願っても東会長はもう帰ってこられることはありません。大切なことは、私たちがこれからの会社を健全な状態で守り育て、発展させていくことです。東会長が、会社創立以来口癖のようにおっしゃっていた「今日のお客を喜ばす」ことを信条として、毎日の仕事の上で実践することが東会長への最大の供養になると思います。社員一人一人が自分の仕事に責任を持ち、お客を大切にし、会社の将来を更に明るいものにすることをお誓いをし、謹んでご冥福をお祈りしましょう。

東良恒会長逝去に際して全社員に配られた文書

当時社長だった宮里政欣にとって、一緒に学校で学んだ友であり、一緒に会社を創業した同志を失ったことは、深い悲しみだった。

東良恒の死後、宮里は全社員に「東会長の逝去にあたって」と題した文書を配布した。

前頁に掲載したのがその文書である。

第4章

沖縄ブームによる観光産業の発展と試練

〈2000年〜2011年〉

戦争の世紀と言われた20世紀。その大半の期間、沖縄は苦しんだと言っていいだろう。１８７２年から１８７９年にかけての琉球処分を経て、日本の一員となった沖縄。共同体農村社会と言っていい状態だった沖縄社会に資本主義経済が投入された。新たな産業を急に生み出すことなど、とうてい難しく、貧しい暮らしが続いていた。そして、戦争に突入し沖縄は焼け野原となった。以後27年間、アメリカ軍政権による支配が続いた。

沖縄の日本復帰から28年。新しい世紀が始まった。

21世紀は、誰もが平和を願う世紀であり、人間と自然が共生を図ることが求められる世紀である。そして、我々人間社会でも互助の精神、うちなーぐち（沖縄方言）でいう「ゆいまーる」の精神が求められる世紀なのだ。

こうした観点から、日本はもとより世界の国々が沖縄に注目している。

太平洋の片隅に浮かぶ小さな島、沖縄。１９９９年、沖縄県への入域観光客者は４５０万人を超えた。うち約20万人は海外からの人々だった。沖縄県への入域観光客数は、２００８年に６００万人を超えたが、その後はそれをピークに膠着状態が続いている。

沖縄県は、観光立県として、２０２１年までに入域観光客数１０００万人を目指すとしているが、そのためには沖縄ツーリストのさらなる活躍が必要となるだろう。

21世紀を迎えて以降も、沖縄ブームは続き、観光客は増え続けた。それは一過性の「ブーム」で終わることなく、ずっと続いている。そして、沖縄観光もずいぶん進化し変化した。

本章では、観光立県として成長期から成熟期へ移行していく沖縄の観光産業と、それを取り巻く関連産業について、沖縄ツーリストの動向を中心に据えて追いかけてみたい。

✺2004年2月　東良和　社長就任

10年間、代表取締役社長をつとめた宮里政欣は、後継に初代社長東良恒の長男、東良和を指名した。東は1960年沖縄県那覇市生まれ。父良恒は石垣島大浜集落出身、母蓉子は琉球王府のあった首里の出身だ。

幼少の頃の東は、小児喘息を患い幼稚園や小学校を休みがちだった。それでも、小学校時代、沖縄を覆った激しい復帰運動（抗争）の影響から「日本本土」に憧れを抱くようになる。《これからはヤマトの時代》東は親や祖母の反対を押し切って、熊本にある全寮制の熊本マリスト学園中学校・高等学校に進学する。

当時、沖縄には国費制度という大学受験制度があった。それは、沖縄県内での摸試の優秀者は、本土の難関国立大学へ入学できるという留学制度のようなものであった。

しかし、沖縄の本土復帰に伴い、東の時代からはこの制度が廃止されることが決まり、当時の沖縄県内の高校から実力で本土の優秀な大学にいくことが極めて難しくなった。

医師や弁護士の子弟は、こぞって寮完備の九州の中学・高校を目指した。東の頃は、ラ・サール、久留米大学附設、そして熊本マリストが一般的で、前者2校へは毎年数名、熊本マリストへは40名ほどが、沖縄から国内留学した。

東にとって、学業面だけでなく、６年間の寮生活はリーダーとしての資質形成においてもプラスに働いたかもしれない。

現在50歳前後で、沖縄の様々な業界を牽引している国内留学組は多い。県工業連合会副会長の古波津昇氏（熊本マリスト）、県経営者協会副会長の仲本豊氏（愛媛・愛光）、県レンタカー協会会長の白石武博氏（神奈川・桐蔭）、等々である。

現在では、沖縄県内の公立・私立校も充実してきていることから、大学受験のために沖縄を離れるという生徒は少なくなっている。

東は、その後、早稲田大学社会科学部を卒業した後、日本航空株式会社の総合職として社会人生活のスタートを切る。当時の日本航空は、まだ大蔵省が筆頭株主の時代であった。

大阪市内の支店勤務で国内線予約と国際線の発券業務に従事した後、成田空港を拠点に国際線アシスタント・パーサーとして乗務した。

その頃、あの御巣鷹山の日航機墜落事故が発生する。東は事故の翌日、成田発グアム行きに乗務した。東はその時のことを、「お客様を笑顔で迎えられない辛さ、厳しい顔でも失礼にあたる……何とも言えない接客でしたが、遺族担当の社員は何百倍も大変だったと聞いています」と述懐している。

その直前まで勤務していた大阪支店からは、多くの同僚が遺族担当に指名されていた。東はこの時、安全がどれほど大切なものかを痛いほど学んだ。

また、当時の日本航空は、複数の労働組合が経営側と泥沼の闘いを展開し、労使関係の在り方についても身をもって体験した。その後、東は羽田空港勤務を最後に、日本航空を退職し、米国へ留学する。

✺コーネルでの学び

日本航空を１９８７年に退社した東は、１９８８年、28歳で米国コーネル大学ホテルスクール大学院に入学する。日本国内はバブル真最中。大手銀行やゼネコンが、競って社員をＭＢＡ留学させている時代であった。

コーネル大学のホスピタリティ経営分野は、世界的にも最高水準と評価されている。２年間の大学院修士課程を共にした東のクラスメイトには、キリンビール社長の磯崎功典氏、神戸屋社長の桐山健一氏、モルガン・スタンレー・キャピタル取締役のキャビン・ブルマー氏、シャングリラホテル（香港）副社長のバーバラ・パン氏などがいる。また同窓には、グリーンハウス社長の田沼千秋氏、星野リゾート社長の星野佳路氏、ホテルオークラ社長の荻田敏宏氏、加賀屋副社長の小田比與之彦氏、日本ハイアット副社長の阿部博秀氏等々、そうそうたる面々が名を連ねる。

東は日本航空時代に経験した実務を通じて、サービス経営の真髄をつかみたかった。そして、目に見えないサービスを生業とする旅行・観光の経営の本質を体系的に学びたかった。

米国の経営系大学院では、毎日のように論文の宿題が与えられる。また、授業はディスカッションが中心である。東は最初の６か月、ついていけないと何度も折れそうになったという。言葉のハンディもそうだが、受け身ではなく自らがケーススタディの課題解決の中心にいなければ評価されない。課題は、ホテル建設のための用地選びから事業計画を作成するフィージビリティ・スタディ、レストランチェーンのマーケティング戦略構築、不採算企業の財務改善計画作成から、職場の不倫で低下したモラルをどう解決するかというテーマまで多岐に渡る。

世界各国から集まった学生とのディスカッションやケーススタディを通じて、価値観の多様性や様々な社会人体験を持ったクラスメイトによる多面的な視点を学ぶことができたに違いない。また、一度社会人を経験してからの大学院での学びは、本気度も吸収力も違っていた。東が、沖縄ツーリストの社員教育に放送大学の受講を取り入れたのも、このような体系的な学びが実社会の中で役立つことを身をもって経験したからだろう。

東が、父の創業した沖縄ツーリストに入社しようと考えたのは、コーネルでの修士論文を書き始めてからだ。

1980年代後半は、日本国内のバブルにも押され、沖縄にも次々と大型リゾートホテルが建設されていた。ただ、サービスを含めたソフトの部分はこれからというところだった。東の修士論文のタイトルは「Creative Oceanside Resort Responses to Unpredictable and Unfavorable Weather Conditions："WHAT TO DO WHEN IT RAINS!"」。世界各地のリゾート地における悪天候下での観光プログラムを研究したものだった。

悪天候時、マリンスポーツや屋外でのアクティビティができない時でも、いかに顧客の満足度を維持するか。さらには、顧客満足のための代替案を自律的に構築し提供するための組織のあり方や人材育成についても考察した。

後に、この論文は沖縄の地元紙である琉球新報に、東本人の日本語要約によって連載される。毎年台風が襲ってくる沖縄にとって反響は大きかった。

現在でも悪天候対策は不変の課題であり、旅行・観光業界のリーダーとして、東は周囲と協働しながら、この課題をライフワークとして取り組んでいる。

✺復興した姿を海外に認知させた沖縄サミット

２０００年7月21日～23日の間、沖縄において第26回先進国首脳会議（沖縄サミット）が開催された。このサミットでは、Ｇ８の８か国首脳が集まった。

会場の中心は、沖縄本島北部の名護市にある万国津梁館《ばんこくしんりょう》だった。日本で開催されるサミットは、東京に次いで２回目であり、大阪、福岡などが候補地として名乗りを上げたが、当時の小渕恵三首相が沖縄開催を決断した。残念なことに、小渕首相はサミット前に急逝し、サミットには後継の森首相が参加した。

沖縄県としては、「米軍基地の状況と平和に関する取組」と「沖縄の自然・歴史・文化の紹介を通じ観光地としての魅力」を発信することに力を入れていた。

サミット後の状況を踏まえて論じると、基地については、世界のメディアによって沖縄の米軍基地の状況が伝えられたものの、基地返還などの動きは起こらなかった。

一方、後者については、大きなプラスの効果があったと言える。サミットでの首脳たちの行動は、各国でトップニュースとして積極的に報道され、そのたびに沖縄の美しい自然が伝えられたのだ。

第二次世界大戦時に沖縄が戦場となり、沖縄本島が焦土と化した歴史については、世界的にも知られていた。しかし、それからの復興については、あまり報道されていなかった。終戦から55年が経った節目の２０００年、沖縄では、米軍基地問題は解決していないものの、街は復興し、人々は生き生きと暮らしている。自然豊かで穏やかな島であることが世界に紹介されたといえよう。

サミット開催年の２０００年の入域観光客数は４５２万人、前年比で０・８％減少、目標値に33万人及ばなかった。これは、サミット開催による航空便数の減少、宿泊施設の制限、警備強化などが影響したとされる。サミットは、沖縄観光のハイシーズンである7月下旬に開催された。そのため、準備などが始まる春先から終了後の8月まで、入域観光客数が大きく減った。

しかし、しばらくすると、順調に観光客数は回復した。

また、外国人観光客が増えているのは沖縄サミットの影響と言えよう。さらには、世界有数の大型国際会議を無事に成功させたことで、コンベンションシティー（ＭＩＣＥ）としての沖縄の知名度は世界に広まった。これ以降、大型の学会や国際会議などの沖縄開催が徐々に増えていく。

このように沖縄サミットは、それまで日本国内（本土）からの観光客一辺倒だったのが、海外（特に欧米各国）からの観光客や会議などのために沖縄を訪れる人々が増えたことなどの効果があった。

この時期は、経済発展の途上にあった中国などの近隣諸国からの観光客は少なかった。また、長期滞在型のリゾートが整備されていなかったため、欧米の観光客が望む施設が少なく、リピートする固定客化が進まなかったことは考えなければならない課題である。

沖縄サミット開催中は、国内メディアに沖縄が取り上げられる機会が増えた。健康食品をはじめ沖縄県産品のブームが起こり、ＮＨＫの連続ドラマ「ちゅらさん」や沖縄県出身の人気歌手の活躍なども、沖縄ブームを後押しした。

また、沖縄サミットを通じて沖縄風のアロハシャツを世界に広めようという気運が高まり、「かりゆしウエア」という名称に一本化された。

沖縄ツーリストでは、１９７８年、創業20周年を機に、制服として男性社員は青色、女性社員は赤色のアロハシャツを導入している。当時は「ツーリストウエア」などとも呼ばれていた。現在、沖縄県ではビジネスの場でも「かりゆしウエア」を着用することが定着しているが、沖縄ツーリストによるアロハシャツの制服導入は、その先がけとなったのだ。

✺２００１年９・11同時多発テロの試練

２００１年９月11日、ニューヨークのマンハッタン島ワールドトレードセンタービルに２機の飛行機が突っ込んだ。その衝撃的な映像は世界中を駆け巡り、航空産業、旅行業界に大きな影響を与えた。そして、航空機を利用した旅行や出張などの移動に対する不安が世界中に広まった。

特に、ほとんどの入域者が飛行機を利用する沖縄では大きな影響があった。また、米軍基地が多数存在する沖縄では、その警備の様子などがテレビで放映され、沖縄に行くこと自体が危険という印象を持つ人も出た。こうして、一般旅行客はもとより、１９９０年代後半から増えていた修学旅行も、数多くのキャンセルが出た。その結果、１９８０年代後半から、ほぼ一貫して右肩上がりだった入域観光客数は、２００１年は４４３万人となり、２０００年の４５２万人から９万人減少した。ホテルの稼働率が落ち込んだほか、沖縄県経済に影響が出た。

しかし、落ち込みはわずかの期間であり、２００２年には４８３万人に増加し、過去最高値を記録した。

沖縄ツーリストでは、事件のあった９月と10月の２か月は影響が出たが、11月からは前年を

9.11テロ後のキャンペーン企画
「だいじょうぶさー沖縄」をキャッチフレーズに内容豊かな格安商品を展開した。

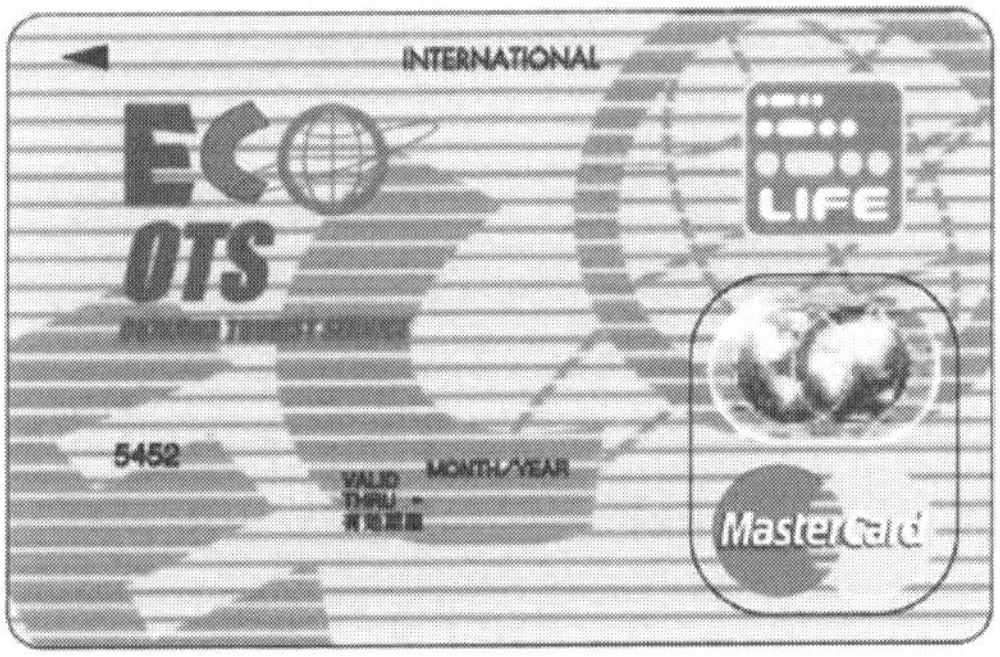

「ECOマリンクラブ」会員カード
ECOマリンクラブはダイビングリピーター作りに成功し、9.11テロ後も安定した送客が続いた。この会員制のツアーシステムにより2002年度ビジネスオンリーワン賞を受賞した。

超える売り上げに戻している。

大手旅行会社の中には、この事件によって沖縄に対するネガティブな風評が広がると、沖縄方面の旅行パンフレットを営業所の店頭から撤去したところもあったようだ。しかし、沖縄を本拠地として、地域に根ざして事業活動を行ってきた沖縄ツーリストでは、沖縄への誘客のために、ホテルやダイビングサービス会社と共同してこれまで以上の営業努力を払った。400万人を超える沖縄への観光客には、ダイビング客をはじめとするリピーター客も多数いた。また、航空会社や沖縄の宿泊施設も、沖縄ツーリストのこうした努力を支持し、座席数・部屋数の取り扱いが増加した。

9・11テロ後の苦境にあって、沖縄県の主要産業である観光業の牽引役として努力を続ける沖縄ツーリストの姿勢は、創業者である東良恒や宮里政欣がかつて沖縄の空と観光の発展のために奔走した過去の歴史と重なる。

こうした沖縄観光に対する強い想いが、創業以来、現在に至るまで沖縄ツーリストの根底に流れている。

✺ビジネスオンリーワン賞の受賞

沖縄ツーリストでは、１９９５年から「ＥＣＯマリンクラブ」という名称で、沖縄でのダイビングと旅行をセットにした商品を販売している。ダイビング愛好者に沖縄のリピーターになってもらうことを目指す企画であった。この頃、沖縄への観光客数は４００万人前後。さらなる増加を目指すためには、新たな仕掛けが必要と考えたのだ。「沖縄には一度行ったから、次は違うところにしよう」と観光客に思われるようでは、観光客数の伸びは頭打ちとなる。「昨年も行ったけど、今年もまた行こう」という観光地にならねばならない。そんな思いだった。

沖縄本島から船で1時間足らずの慶良間諸島は、世界有数のダイビングスポットとして、ダイバー達の間では有名だった。サンゴの庭が広がり、変化のある地形。流れの激しいポイントでは大型回遊魚も見られ、無数に広がるダイビングスポットは飽きることがないエリアと言われ、ビギナーから上級者まで、あらゆるダイバーを楽しませることができる。また、沖縄本島周辺にも、ソフトコーラルと呼ばれる柔らかいサンゴが生い茂る場所など、人気のダイビングポイントは多い。

こうしたことを広めて、ダイバーに沖縄観光のリピート客になってもらおう。リゾートホテルに泊まって、ビーチや買い物を楽しみ、観光地を巡って帰る、という単なる観光目的の沖縄旅行だけでなく、「スキューバダイビング」を目的に沖縄を訪れるからこそ、リピート化につながる。こうした目的型観光商品を企画し、沖縄旅行の一つのパターンとして定着させようとしたのだ。

沖縄ツーリストは、「従来の沖縄観光から脱した企画を考え、事業を浸透させた」として、2002年度ビジネスオンリーワン賞を受賞した。この賞は沖縄県と沖縄県経営者協会が主催するもので、観光業界からは初めての受賞だった。受賞の知らせは2003年の初めに届き、ちょうど創立45周年だったこともあり社内は沸いた。

ちなみに、この時同時受賞したのは、沖縄の素材を活かした商品の開発に取り組んでいる株式会社お菓子のポルシェで、紅いもタルト、塩胡麻ちんすこうほか、数々の人気商品で知られている企業だ。

9・11テロにより、沖縄への観光に対する敬遠ムードが広まった時に、いち早く沖縄へ戻ってきたのは、ダイビング愛好者たちのリピート客だった。当時、沖縄ツーリストの「ECOマリンクラブ」のホームページでは、ダイバーの不安を払拭するために、沖縄在住のダイビングインストラクターなどが、沖縄に関する様々な情報提供を行った。

✺増加する沖縄の観光スポット

これまで述べてきたように、沖縄への入域客は、戦後から本土復帰頃までは沖縄戦の慰霊が主な目的で、本土復帰以後は、海洋博を機に盛んになった航空会社のリゾートキャンペーンによるマリンリゾートが中心だった。

沖縄ツーリストがビジネスオンリーワン賞を受賞した「ＥＣＯマリンクラブ」も、ダイビング客のリピート化を企図したものであり、まさにこれもマリンリゾートビジネス強化策の一環だった。

琉球王朝成立より前の１２００年代から、独自の文化を育んできた沖縄は、戦前までは、京都府、奈良県に次いで、全国で３番目の国宝数を誇っていた。しかし沖縄戦により、沖縄本島の多くの国宝、文化遺産が失われた。

２０００年に世界遺産に認定された首里城跡をはじめとする「琉球王国のグスク及び関連遺産群」が本格的に整備されたのは、20世紀の後半になってからである。

沖縄への観光客を増やすためには、マリンリゾート以外の「目玉」として、観光スポットの整備が必須であった。観光産業の振興ひいては沖縄県経済の振興のためには、沖縄県下で観光客に観光関連消費を増やしてもらうことが求められる。こうした消費額は大雑把に述べると、観光客数×滞在日数に比例する。すなわち、観光客の数だけでなく、滞在日数を増やしてもらうことが重要なのである。そのためには、マリンリゾートだけでなく、魅力的な観光スポットの整備が必要となる。

戦前の沖縄の代表的な観光スポットといえば誰もが首里城を挙げただろう。沖縄戦後、1958年に守礼門が復元され、沖縄の本土復帰前の数少ない観光地の一つとして人気を博した。その後、首里城のシンボルとも言える正殿は、1989年から復元工事が始まり、1992年に南殿、北殿、奉神門などとともに完成している。翌1993年にはNHK大河ドラマ「琉球の風」が放映され、本土においても、琉球王朝の歴史や文化に対する理解や関心が高まった。

琉球王朝の中心地であった首里城は、戦前、国宝にも指定されていた。沖縄戦では、この首里城の地下に、日本軍によって第32軍司令部壕が掘られた。これにより、首里城は米軍の徹底的な砲撃を浴び、灰燼に帰した。そんな悲しい歴史を経てよみがえった首里城には、現在、多くの観光客が訪れている。

また、2002年には沖縄美ら海水族館が新装オープンしている。1979年に海洋博の施設を引き継ぐ形で開設された旧館を2002年に閉館し、沖縄本土復帰30周年に合わせて同年

11月1日に新館を開館させたものである。旧館が閉まる頃は年間50万人にも満たない来場者数だったが、新館はオープン初年度から２７０万人を超える来場者があり、今では毎年３００万人近くが訪れる、日本での来場者数最多の水族館となっている。

２００８年、沖縄への入域観光客数は過去最高の約６００万人を記録しているが、その約半数が同水族館を訪れた計算となる。沖縄における最大の観光スポットといっていいだろう。

沖縄美ら海水族館の集客効果は、沖縄本島北部の本部エリアの観光地化へとつながった。これにより、周辺離島や沖縄そばロードなど、のんびりした本部エリアに脚光が当たった。また、沖縄自動車道は名護（許田）まで延びているが、そこから本部エリアへの道路の整備も進んでおり、アクセスが格段に向上している。

しかし、北部へのアクセスが向上したことにより、沖縄本島南部からの日帰りドライブが容易となり、北部エリアでの宿泊が思うように伸びていないという課題も発生している。

沖縄ツーリストでは、地域に根ざす着地型の旅行会社として、地元沖縄のいろいろな地域の振興に寄与するために、北部地区に焦点を当てたツアーを造成するなど、前述の課題にも積極的に取り組んでいる。

✺新設されたショッピングエリアにレンタカー営業所を

海外の主要観光地には、たいてい大きなショッピングエリアがあり、賑わいを見せている。ハワイのアラモアナショッピングセンターなどは特に有名だ。日本有数の観光地である沖縄には、観光客が集まるような観光スポットとしてのショッピングセンターがなかった。

そこに風穴を開けたのが、2002年に沖縄県豊見城市の豊崎エリアにオープンした「沖縄アウトレットモールあしびなー」と、那覇市の北部に位置する新都心（おもろまち）エリアに2005年にオープンした「DFSギャラリア沖縄」だ。「沖縄アウトレットモールあしびなー」は、那覇空港から南へ車で約20分という便利な場所に立地する。また、「DFSギャラリア沖縄」は、2003年から運行を開始した「ゆいレール」（正式名称：沖縄都市モノレール）おもろまち駅の目の前にある。どちらも、今では沖縄を訪れる多くの観光客が立ち寄る人気スポットとなっている。

沖縄ツーリストのレンタカー部門であるOTSレンタカーは、「DFSギャラリア沖縄」のオープンに合わせて、他の数社とともに同ショッピングセンター内に営業所を構えた。沖縄県で大型ショッピングセンターにレンタカーの営業所を開設したのは初めてのことだった。

レンタカー予約客は、那覇空港に着いてから空港直結の「ゆいレール」に乗り、おもろまち駅に向かう。那覇空港駅からおもろまち駅までは20分弱。那覇市内の交通渋滞の心配もない。おもろまち駅から直結する「ＤＦＳギャラリア沖縄」の駐車場でレンタカーを借りることができるのだ。

沖縄本島内のリゾートホテルなどで何泊かした後、再び那覇市内に戻り、最後にＤＦＳで買い物をするコースなら、そこでレンタカーを返してショッピングができる。ＤＦＳで購入した商品は、空港の搭乗口近くで受け取ることができる。購入商品を持たずに、のんびりと「ゆいレール」に乗り空港へ向かう、といった便利でスマートな動きで沖縄旅行を締めることも可能だ。

沖縄を訪れる観光客の多くがレンタカーを借りるという旅行形態にマッチした仕組みで、利用客からは好評を博している。

このＤＦＳ内レンタカー営業所の開設により、「ゆいレール」の利用が促進されたとして、沖縄都市モノレール株式会社は沖縄ツーリストに対し感謝状を授与している。

✴レンタカー拠点の豊崎移転　安全と顧客満足を目指して

沖縄観光におけるレンタカー需要の増大に伴い、各レンタカー事業者にとって、那覇空港近辺の車両保管場所の確保が新たな課題となってきた。那覇空港に近い那覇市赤嶺地区、金城地区などでは、増加する保有台数に対応するため、各レンタカー事業者が住宅地に点在する小さな空き地までも車両の保管場所として利用し、付近の住民の日常生活にまで影響を及ぼしつつあった。

このような背景もあって、内閣府沖縄総合事務局のリーダーシップのもと、沖縄県土地開発公社、豊見城市、そしてレンタカー事業者により、那覇空港の南に位置する豊見城市豊崎地区にレンタカーステーションを創設するプロジェクトが立ち上がった。最終的に同プロジェクトに参加したレンタカー事業者は、オリックス、ジャパレン、そして沖縄ツーリスト（ＯＴＳレンタカー）の３社だった。

沖縄ツーリストでは、総合事務局や民間企業が一緒になった情報交換会にも積極的に参加していた。ここでは、道路標識のあり方やカーナビのデータ更新ほか、レンタカー利用客の利便性の向上を図るための様々な方策を検討していた。豊崎地区のレンタカーステーション設立は、その際の勉強会の流れから実現した官民一体のプロジェクトだった。

ＯＴＳレンタカーでは当初から、敷地が広く、住宅地に隣接しない豊崎地区へのレンタカーの集積を支持していた。豊崎地区へのアプローチは、赤嶺地区などと比べ、那覇空港から南へ約６㎞、送迎バスで約20分を要するため、利用客に不便をかける危惧もあった。しかし、そのまま赤嶺地区のレンタカー事業所を肥大化させた場合、近い将来、駐車場や周辺道路のキャパシティに限界が来て、住民への迷惑だけでなく、レンタカー利用客にも優れたサービスの提供ができなくなると判断したのだ。

このような経緯を踏まえ、２００７年10月、豊見城市豊崎の約２１００坪の敷地にＯＴＳレンタカー臨空豊崎営業所が開設された。法人顧客に対応するため、業務目的の利用客用として従来の赤嶺営業所は残したが、観光目的の利用客の拠点を豊崎地区に移設したのだ。

同営業所は、敷地の三面が道路に接し、複数の導線を確保している。このため利用客は、レンタカーを借りた後、他の利用者を気にすることなくゆっくり出発できる。

受付カウンターの規模も拡大し、待合室の快適性も充実させた。さらに、普段あまり運転しない人や、右ハンドルに不慣れな外国人利用客などのために、運転を疑似体験してもらうための４ヵ国語対応の安全運転シミュレーターも導入した。レンタカー会社としては全国的にも初めての試みであり、いまだに唯一の施設である。

さらに、ＯＴＳレンタカーでは、ゆいレール那覇空港駅から約９分の壷川駅前に立地するメルキュールホテル沖縄那覇とのコラボレーションにより、同ホテルが所有する立体駐車場を活用して、新しい営業所（壷川駅前店）を２０１２年に開設した。

✺世界のウチナーンチュ大会と世界のウチナーンチュ会議

よく知られているように、沖縄県は海外への移民が多い県である。日本政府の勧誘斡旋による移民は明治時代から始まり、ハワイ、ブラジル、ペルー、北米、メキシコ、アルゼンチンなどへ、幾度となく移民団が結成され出発している。本土復帰前の琉球政府時代にも、政府勧奨移民としてボリビアへ渡っており、現在では、約40万人の沖縄県系人が世界中で暮らしている。

こうした世界各地に雄飛した沖縄県人本人やその子孫たちに、ふるさと沖縄に帰ってきてもらい、親戚縁者と再会・交流し、また、現在の沖縄を知ってもらうための取組みとして始まったのが、「世界のウチナーンチュ大会」である。

記念すべき第1回大会は、１９９０年に開催され、多くの沖縄県系の移民の人たちと地元沖縄県民が再会を祝い、絆を一層深めた。この「世界のウチナーンチュ大会」は大成功を収め、参加者は定期的な開催を強く望んだ。その後、同大会は、１９９５年、２００１年、２００６

年、２０１１年と5～6年おきに、第5回まで開催されている。

２００1年の第3回大会開催後、「世界のウチナーンチュ大会」開催のインターバルの中間年に、世界各地のウチナーンチュとビジネスの連携を図ろうと企画されたのが、「世界のウチナーンチュ会議」である。「世界のウチナーンチュ大会」は毎回沖縄で開催されるが、「世界のウチナーンチュ会議」は、ウチナーンチュが移住した世界各地（沖縄を含む）で行われることになっている。その提案者は、ハワイ県人会長を歴任し、世界の沖縄県系人のビジネスネットワーク「ＷＵＢ（ワールドワイド・ウチナーンチュ・ビジネスネットワーク）」を創設したロバート仲宗根氏であった（ちなみに東良和は、２００6年の第4回「世界のウチナーンチュ大会」開催前、ＷＵＢ沖縄の会長に推挙され、２０１3年6月まで務めている）。

沖縄県、県内経済団体、ハワイ協会、ＷＵＢなどの協力のもと、第1回「世界のウチナーンチュ会議」が、２００3年にハワイ・ホノルルで開催されることになった。当時、ＷＵＢの組織の沖縄の副会長であり、また沖縄県旅行業協同組合（現在は沖縄県旅行・観光事業協同組合に名称を変更）の理事長でもあった東にハワイへの大型団体送客の相談があった。

現在もそうであるが、沖縄からハワイに直行便は就航していない。東は、ＪＡＬの７４７型機をチャーターしようと日本航空沖縄支店長に直談判し、手配にこぎつけた。チャーター便は、定期便より料金が高い。なぜなら、片道が空席になるからである。東は他の旅行会社と情報を共有し、企画・販売にあたった。この第1回「世界のウチナーンチュ会議」のチャーター企画には申し込みが殺到し、あっという間に350席を完売した。参加希望者は他にも多数いた。東は再度、日本航空を訪ね、さらに一機の747型機のチャーターを要請した。沖縄のような小さな市場から、ホノルルに向けてチャーターのジャンボ機を同日に2便出発させることは、これまで考えられないことだった。東は、完売した一機目の予約名簿を持参し、たび重なる交渉を行った結果、さらにもう1機のチャーター便の確約を取りつけた。那覇空港からホノルルへ向けて、ジャンボ機が1時間違いで2機飛び立つという前例の無い出来事だった。

これは、県や経済団体、沖縄県旅行・観光事業協同組合が協力して成し得た事業だが、その背景には、沖縄県民と世界に在住する沖縄県系人の強固なネットワークがあることは言うまでもない。

このことは、2008年のブラジル日本人移住100周年記念式典の際にも見られた。47都道府県中、チャーター便を手配してブラジルを訪問したのは、沖縄県ただ一県だけである。

✺航空会社再編　JALとJASの合併

2000年代を迎えると、長引く不況やテロの影響など、観光産業や航空産業を取り巻く環境が一段と厳しさを増してきた。２００１年１月、旅行業界にとってショッキングなニュースが飛び込んできた。業界上位企業である近畿日本ツーリストと日本旅行が合併するというものである。近畿日本ツーリストは、関西の近畿日本鉄道が親会社であるが、全国に店舗を構えていた。一方、日本旅行も国内旅行に強い老舗旅行会社。この両社が経営体質の強化を目指して経営統合することを発表したのである。しかし翌２００２年の２月、両社は合併の合意を破棄し、それぞれの道を歩むことになった。

一方、航空業界も苦しんでいた。

日本のナショナルフラッグキャリアとして君臨してきた日本航空（ＪＡＬ）の経営悪化が伝えられ始めていた。労働組合の強い企業として知られていた日本航空は、同業他社に比べて高い賃金や進まない合理化という内部要因に加え、国内では長引く不況、海外路線では９・11テロの影響などが追い打ちをかけていた。

また、日本エアシステム（ＪＡＳ：旧東亜国内航空）も経営難に陥っていた。日本エアシステムは、東急電鉄の傘下にあり、国内の地方路線を主に担う航空会社として地方都市や離島などの足を担っていた。日本航空同様、同社も国内不況の影響を受けていた。そして、この二社は２００２年に合併を前提とした経営統合を発表、２００４年１月までに段階的に合併することになった。

日本航空と日本エアシステムの合併による影響は少なくなかった。合併後、新社は路線の合理化、つまり搭乗客が少ない路線の撤退や便数の削減などを行ったことから、地方路線や離島路線はその影響をもろに被った。沖縄ツーリストもその影響は小さくなかった。旧ＪＡＳは沖縄と東京・大阪・福岡を結ぶ便を運航しており、沖縄ツーリストはその座席数の50％以上の販売シェアを有していた。合併による供給席数の減少は、沖縄ツーリストの取扱高、利益、いずれにとっても大きなマイナス要因となった。

ちなみに少し話を進めると、この後もＪＡＬグループの経営はふるわず、経営合理化は遅々として進まなかった。そして２０１０年１月19日、ＪＡＬは東京地方裁判所へ会社更生法の適用を申請、同日付で手続開始の決定が下され倒産してしまう。

✺新興航空会社の誕生と苦難の道

時間を少し巻き戻すと、規制が厳しく保守的な航空業界にも新たな勢力が生まれていた。

１９９８年７月、運輸省は、35年ぶりに新規航空事業者に免許を交付した。これが、現在ＪＡＬ、ＡＮＡに次ぐ規模に成長したスカイマークエアラインズ（現在の社名はスカイマーク：Ｓ

ＫＹ）社だ。同年ＳＫＹは、羽田＝福岡便の運航を開始する。また同じ年には、北海道国際航空（ＡＩＲＤＯ）にも免許が交付され、羽田＝新千歳便の運航を開始している。ともにＪＡＬ、ＡＮＡに価格で対抗する新興航空会社として話題となった。

ＳＫＹ社は、航空業界の規制緩和によって初めて誕生した企業として注目を集めたが、既存の航空会社は、ＳＫＹ便との競合路線において、露骨な対抗価格を打ち出して応戦した。また、羽田空港などでは、ＳＫＹは最も不便な場所にある搭乗口をわずかしか与えられないなど、保守勢力の大きな壁に阻まれた。

一方、北海道財界等の出資により設立されたＡＩＲＤＯは、本土間の主要な交通機関が航空便であるという点で、沖縄と似た状況であった。しかし、北海道企業や道民の応援があったものの、ＡＩＲＤＯも搭乗率が伸びず、ＳＫＹと同様に苦戦を強いられていた。そして２００２年、ＡＩＲＤＯは経営再建の道を歩むことになり、その運航を実質ＡＮＡに任せることになった。

２００４年、ＳＫＹは経営主体がＨＩＳ系から現体制に変わり、再起を図った。その後、ＪＡＬの破綻により、ＪＡＬグループが合理化を進め、いくつかの路線を廃止したり減便したりする中、ＳＫＹはその合間を縫うようにして、積極的に新たな路線を開拓していった。例えば、ＪＡＬは破綻の際、神戸空港のすべての発着便を撤退させたが、そこにＳＫＹは割って入り、羽田＝神戸間をほぼ独占的に運航してドル箱路線としている。そして、ＳＫＹは、ＡＮＡ、ＪＡＬに次ぐ日本で三番目の航空会社としての地位を確立した。

この頃、地方自治体や地方財界が出資した航空会社が相次いで設立された。宮崎で設立されたスカイネットアジア航空（ＳＮＡ）などがその代表格だ。しかし、いずれのローカル航空会社も苦戦を強いられた。各社は、単に安い航空運賃だけでなく、それぞれの地方（独自）色を出すなど、様々な努力を行ったが、すでにヘビーユーザーのビジネス客を取り込んでいたＡＮＡやＪＡＬに対抗する力はなかった。ＳＮＡは、その後２００４年に経営再建の道を歩むことになり、ＡＮＡの傘下に入ることになった。そして東京〜九州各地に特化した航空会社として歩み始めた。現在では、「ソラシドエア」という名称で運航している。

１９９０年代後半〜２０００年代初めに設立された航空会社は、ＳＫＹを除き、事実上形を変えてしまった。運輸省が規制緩和の一環として新規航空会社の参入を許可し、新たな競争を促したが、うまくはいかなかった。こうして、新たな航空会社設立の波はいったん終焉を迎えた。次に波が来るのは、相次いでＬＣＣ（Low Cost Carrier）が設立される２０１２年だ。

一方、沖縄においても、運輸省が航空行政の規制緩和を表明した際、沖縄県内二十数社の出資により、サザンクロス社が設立され、その後、その計画は県内別資本であるレキオス航空社に継承されたが、残念ながら空を飛ぶことはできなかった。

✷大型ホテルが続々とリニューアル

２０００年代前半の沖縄の観光業界は、９・11テロの風評被害に悩まされたが、９・11テロが起こった２００１年を除き、順調に観光客数は増えていった。

沖縄出身の歌手、俳優、女優などが活躍し、沖縄が舞台のテレビドラマや映画などが続々と作られ、沖縄ブームと言われた頃もあったが、観光客数の推移から考えると、単なる一過性の「ブーム」ではなく、リピート客が根付いた観光地として、不動の地位を確立したと言えよう。そしてついに、２００８年には入域観光客数は６００万人を超えた。

このように観光客数が順調に増えていく中で、課題もあった。

その一つは、沖縄本島西海岸を中心としたリゾートホテルの老朽化という問題だ。すでに述べたように、本島中北部のリゾートホテルは、海洋博の頃から１９８０年代後半のいわゆるバブル時代にかけて建てられたものが多く、２００５年当時で計算すると、古いものだと30年、新しいものでも10年以上は経っていた。多くの観光客の要望に応えるためには、こうしたホテルのリノベーション（改装）が必要だった。そのためには多額の資金が必要だった。

また、2000年代前半は、バブル崩壊後の不良資産処理の最終段階にあり、かつての日本を代表するような企業が相次いで経営再建の道を歩んでいた。沖縄に関係の深い企業では、ダイエー（2002年）、大京（2004年）などがその一例として挙げられる。

経営再建中の企業の中には、沖縄にホテルを持っている企業もあった。企業再生のためには、資産（この場合ホテル）を売却し、資金化する必要があった。そのような企業にとって、当時ますます勢いのあった外資系投資会社が資産（ホテル）の売却先となった。また、株式の一部と引き換えに、ホテルのリノベーション費用を拠出する外資系投資会社も見られた。

沖縄の大型リゾートホテルは、このような投資会社の存在もあって、徐々に新しく生まれ変わっていった。このことは、リゾート投資としての魅力が沖縄にはある証左とも言える。この頃の観光客数の伸びは、それを示していると言えよう。

準大手ゼネコン佐藤工業が所有し、ＪＡＬホテルズが運営するホテル日航アリビラは、1994年にオープンした、現在も沖縄を代表する高級リゾートホテルだ。しかし、オープンから10年目の2003年、佐藤工業は会社更生法を申請し、ホテル日航アリビラはゴールドマンサックス系の会社に売却された。そしてきっちりとリノベーションを行い、デラックスリゾートホテルとして変貌を遂げた。

那覇市内のリゾートホテルとして親しまれてきたロワジールホテル那覇は、東洋建設が所有していたが、２００５年にアメリカの投資会社（再生ファンド）ローンスター系で日本各地でホテルを運営するソラーレホテル&リゾートに売却された。そして大幅なリノベーションが施され、また、ＳＰＡ施設を併設するタワー棟を敷地内に建設して一大リゾート施設として生まれ変わった。さらにソラーレは、かりゆしグループが本島北部で運営するオキナワマリオットにも２００６年から関わることとなり、沖縄のリゾートホテルでの存在感を見せている。

この他にも、外資系ファンドだけでなく国内系ファンドや、国内の成長企業が経営権を獲得するケースもある。こうした動きは、２００２年〜２００７年頃、リーマンショックの前まで続いた。

地元資本や日本本土資本だけでなく、海外投資家からも注目を浴びる存在となった沖縄のリゾートエリア。投資ファンド、再生ファンドのやり方に対して否定的な日本人は多いが、しかし所有企業の行き詰まりや施設の老朽化の問題など、沖縄のいくつかのリゾートホテルの窮地を救ったことは間違いないだろう。それがなければ、沖縄各地のリゾート一等地に、古びたホテルや、運営されていないホテル跡が残っていたかもしれない。

沖縄におけるリゾートホテルの開発は、これからもどんどん増えることだろう。現在計画されているだけでもかなりの数がある。２０１３年６月には恩納《おんな》村にホテルモントレーが、２０１４年９月には、北谷《ちゃたん》町アメリカンビレッジ近くにヒルトンホテルがオープン予定である。また地元系では本部町《もとぶ》にホテルオリオンモトブリゾート＆ＳＰＡが２０１４年７月に開業予定である。

中国の経済成長、それに伴う中国国民の所得上昇、そして海外渡航の制限の緩和など、今後中国各地からの観光客が増えることは間違いない。

また、日本政府は、海外から日本への観光客を増やすことを公言しており、欧米各国からの沖縄への観光客の増加も見込まれる。また、２０２０年に東京オリンピックが決まったことも、観光産業にとって大きなプラス要因である。これにあわせて沖縄の観光産業はますます発展していくことだろう。

日本人のための観光地から、インターナショナルな観光地へと変貌を遂げようとしている沖縄。沖縄ツーリストの役割も少しずつ変わっていくことだろう。

国際通りの一等地にある沖縄ツーリスト本店は、２０１３年8月、様変わりした。正面玄関入ってすぐのところにMoney Exchange（外貨両替機）が設置されたのである。

世界中から観光客が訪れるリゾート地、例えばハワイやバリ島などに行けば、空港やホテル内だけでなく、街のあちこちで安心して両替ができる店がある。日本のリゾート地では、まだまだこうした施設は少ない。海外からの渡航者は、空港やホテルなどでしか両替できず、買い物などに不便だ。これからますます海外からの旅行客が増えることを見越して、沖縄ツーリストでは外貨両替機を設置し、来訪者の利便性向上を図ることにしたのだ。

✺着地型ビジネスモデルの展開

２００８年10月１日、沖縄ツーリストは創業50周年を迎えた。

２００８年２月、沖縄ツーリストは、子会社として「北海道ツアーズ」（本社：札幌）を設立した。北海道ツアーズは、沖縄ツーリストのグループ会社として、国内主要都市から北海道への観光客を開拓する着地型拠点と位置づけられている。

一般的に日本の大手旅行会社は、観光市場を擁する出発地に拠点を構えている。それは首都圏や関西圏といった人口が多く旅行需要が発生する所であり、旅行の起点すなわち発地でのビジネス展開である。これらの旅行会社は発地をベースにビジネスモデルを組み立てている。

沖縄ツーリストは、旅行の目的地すなわち着地に拠点を構え、その強みやメリットを活かしたビジネスモデルを突き進んできた。

インターネットの普及で旅行の検討から申し込みに至る過程は大きく変化した。これまで利用客は、旅行会社の支店や営業所で入手したパンフレットや新聞紙面、折り込みなどの広告を見て、旅行会社窓口もしくは電話などで問い合わせ、旅行を申し込んでいた。この形式だと、旅行会社にとっては、都市部を中心に営業展開することが有利だった。

しかし、インターネットが普及すると、パンフレットを入手する必要はなく、ネット上で旅行を検討し、申し込むことができる。旅行関連情報の多くは、ネット上で入手できる。ネット上でわからないことがあれば、旅行会社に電話などで質問すればよい。

このような流れでは、電話での質問は、観光地の詳細など、より専門的な内容となってくる。沖縄ツーリストではこうした顧客ニーズの変化に対応するために、観光地を熟知した、専門知識のある社員をコールセンターに配置している。もちろん、コールセンターに勤務する社員の多くは地元沖縄の出身者だから、詳しいのは当たり前なのだが、新しくできた観光スポットなどを定期的に見学し、最新情報の入手にも努めている。

これは、沖縄に根ざす企業としての強みを活かしたビジネスモデルである。売り上げ規模において大手旅行会社の仲間入りをした現在、このような着地型のビジネスモデルは沖縄ツーリスト独自のものであり、強みと言えよう。だとすれば、もはや沖縄では、沖縄ツーリストを追随できるような企業は現れないかもしれない。

観光地沖縄という着地に拠点を構え、高度な専門性によって、他の旅行会社との差別化を図るビジネスモデル。

これを今度は、子会社の北海道ツアーズを通じて、北海道で展開しようというのだ。

✷沖縄に精通したスタッフが常駐するコールセンター

着地に精通した旅行会社の象徴として挙げられるのが、コールセンターの存在だ。沖縄ツーリストでは、２００５年、那覇市松尾の本社ビル内にコールセンターを設置し、全国からの問い合わせに一括して対応している。現在では規模を拡張して豊見城市豊崎ビルに移転し、沖縄観光に精通した人材を多数配置している。

これまで、電話での問い合わせについては、各営業店舗で対応していたが、店舗が混雑している時や人手が足りない時には対応が不十分なこともあった。また、いくら研修などを行っても、本土の支店・営業所に勤める社員では、着地である沖縄に関する知識や情報が不十分なケースもあったという。着地（沖縄）の詳しさをうたう旅行会社にとって、不十分な対応では、信頼の失墜につながりかねない。これはまさに沖縄ツーリストの生命線なのだ。

一般的な旅行会社は、コールセンターを外注しているところも多いようで、これではどうしても画一的な（マニュアル化された）対応になってしまう。

沖縄ツーリストのコールセンターでは、２０１３年９月現在、毎日約30名の社員が現地の気候状況や、その土地に住む自らの経験など、いわばアナログ的できめ細やかな情報を届けている。このコールセンターでは、旅行の相談から各種の要望の受付、アフターケアまで行い、沖縄ツーリストの売上貢献、リピート化促進など、なくてはならない存在となった。

また、中国系観光客のために、2008年からは台北市内の営業所内に広東語・北京語に対応できるスタッフが常駐するコールセンターを設置している。

✺日本初の南米行チャーター航空機

沖縄ツーリストは、これまで何度も、飛行機をチャーターした沖縄発のツアーを企画してきた。それらの多くは、沖縄〜目的地間で利便性のよい航空便がない場合などに企画されたものだった。チャーター機の確保には多額の費用を要し、そのうえリスクを伴う。だから、チャーター便を使ったツアー企画は、集客が見込めることが第一となる。しかし沖縄ツーリストでは、沖縄県民からの要望があったり、意義のある旅行企画と考えられる場合には、積極的にリスクを買って出てでも、チャーター便による企画ツアーを提供した。

2008年8月には、沖縄からブラジルのサンパウロへのチャーター便を飛ばし、約350人もの人々を南米へ送り届けた。ブラジル・アルゼンチンへの沖縄県民移民100周年記念式典に参加する人々のためにツアーを企画。２００８年はブラジルへ日本人が移住して１００年を迎える記念すべき年であり、各県とも「チャーター便を仕立てて行こう」とかけ声だけはあがったものの、実現したのは沖縄県だけだった。旅行代金はかなりの高額で、飛行時間も長い南米へのツアーは販売が難しい。そんな路線をチャーター機で運航するのはリスクが高すぎるのではないかと関係者は当初危惧した。

しかし、それも杞憂に終わり大半の席が埋まった。到着地サンパウロでは多くの沖縄県系人が出迎えに来ていた。親戚・友人との久々の再会に皆涙を流して喜んだ。現地では、沖縄県だけが本当にチャーター便で訪れてくれたと誇らしく喜んでいた。ツアーは８月21日に沖縄を出発、９月２日に沖縄に戻る行程だった。

記念式典は、21日夜ブラジルのサンパウロ市で行われ、沖縄県民やアメリカ、ペルーなどに住むウチナーンチュ約２０００人が参加した。また31日にはアルゼンチンのブエノスアイレス市でも行われ、こちらには約１５００人が参加した。二つの式典は、沖縄ツーリストのチャーター便利用者を含めて約６００人の沖縄県民が参加する一大イベントとなった。

✵北海道でのレンタカー事業の展開

２００９年は、「沖縄ツーリストは着地のベースを沖縄以外にも拡大する」という意思をより明確に示した年だった。前述のように２００８年2月、沖縄ツーリストは、北海道に子会社北海道ツアーズを設立し、そして、２００９年6月には北海道においてレンタカー事業も立ち上げた。

沖縄ツーリストは、１９７０年からレンタカー事業を始め、以降、現在に至るまで沖縄県下で最大級のレンタカー台数を保有するまでに至った。２００７年には、右ハンドルに不慣れなインバウンド客が、スムーズに日本の交通システムに溶け込めるよう、運転シミュレーターも導入している。4か国語に対応したカーナビの搭載など、海外からの利用者にとって、利便性が高く、かつ安全に県内を走行できるサポート体制を整えた。

また、離島でのレンタカー事業も積極的に進め、営業所を整備していった。現在では、石垣島、宮古島に営業所を構え、それぞれの地域でナンバーワンの座を獲得している。

ちなみに、沖縄ツーリスト全体に占めるレンタカー事業の売上構成比は、２００８年では7%だった。

北海道においてもレンタカー事業の企業名は、ＯＴＳレンタカーをそのまま用いることにし、空の玄関口である新千歳空港（空港内）と北海道の中心地である札幌（ＪＲ札幌駅近く）の２か所に営業所を構え事業を開始した。

沖縄を訪れる観光客は、この当時５６５万人、ＯＴＳレンタカーでは、そのうち50万人程度のレンタカー需要を取り込んでいたが、今後の成長のためには、新たな一手を打つ必要があると考えていた。そこで、北海道での事業展開に踏み切ったのである。北海道では今後のさらなる需要増を予測、価格競争面からみても、拡大の余地は大きいと判断したからだ。

沖縄を本拠地とする企業が、東京や大阪といった大都市圏に事業を展開する例はみられる。レンタカー企業でも、それほど大きくはないが九州に展開している企業も存在する。しかし、大都市圏以外のまったく別の観光地に進出し、さらには複数店舗を構えて本格参入するケースは極めて異例だ。経営幹部や部門責任者の会議などでの移動距離もかなりのものだ。那覇から羽田を経由して新千歳空港へ、その移動距離は２０００㎞以上。日本の端と端だ。

夏の期間はまだいいものの、秋、冬、春の季節の気温差は激しい。また沖縄と北海道では文化や食生活も大きく異なる。かなり体の負担が強いられるであろう。

２０１０年5月には函館にも営業所を構え、北海道３拠点体制とした（２０１２年札幌営業所を閉鎖し、2013年9月現在は、千歳空港営業所、函館営業所の2ヶ所で営業中)。

レンタカー事業は、沖縄ツーリストが沖縄県における旅行商品にOTSレンタカーを効果的に組み込んでいるように、北海道ツアーズが企画商品化した旅行に活用され、相乗効果を生み出している。

✺リーマンショックと新型インフルエンザの影響、沖縄観光客数の減少

2007年に発覚したアメリカのサブプライムローン問題に端を発し、2008年9月には米国大手投資銀行のリーマンブラザーズが破綻。多くの先進国経済に影響を与えた、いわゆる「リーマンショック」は、沖縄にも少なからず影響があった。

2008年の沖縄入域観光客数は600万人を超え、勢いがついている時期だったため、ショックは大きかった。

一方、欧米各国や日本などの先進国において、金融不安により経済が混迷する中、中国や韓国、香港といったアジア周辺各国の成長は著しく、これらの国々では国民所得は上昇していた。2007年以降、これらの国々から沖縄を訪れる観光客は増え続けていたため、リーマンショックの影響は幾分和らげられた。

料金受取人払郵便

本郷支店
承　認

5402

差出有効期間
平成26年４月
19日まで

郵便はがき

1 1 3 8 7 9 0

（受取人）

東京都文京区本郷 3-3-13
ウィークお茶の水２階

㈱芙蓉書房出版 行

ご購入書店

（　　　　　区市町村）

お求めの動機
1.　広告を見て（紙誌名　　　　　　　　　　）　2. 書店で見て
3.　書評を見て（紙誌名　　　　　　　　　　）　4. DM を見て
5.　その他

■小社の最新図書目録をご希望ですか？（希望する　　しない）

■小社の今後の出版物についてのご希望をお書き下さい。

愛読者カード

ご購入ありがとうございました。ご意見をお聞かせ下さい。なお、ご記入頂いた個人情報については、小社刊行図書のご案内以外には使用致しません。

◎書名

◎お名前

年齢（　　　　歳）
ご職業

◎ご住所　〒

（TEL　　　　　　　）

◎ご意見、ご感想

★小社図書注文書（このハガキをご利用下さい）

書名	円	冊
書名	円	冊

①書店経由希望 （指定書店名を記入して下さい） 書店　　　店 （　　　区市町村）	②直接送本希望 送料をご負担頂きます お買上金額合計（税込） 2500円まで……290円 5000円まで……340円 5001円以上……無料

また、翌２００９年は新型インフルエンザが流行し、その病気による初の死者が沖縄で発生するという事態が起こり、沖縄県内でちょっとしたパニックとなった。沖縄美ら海水族館などでは、マスク着用で入館する観光客の姿が全国ニュースで放映された。

このような２つの出来事が重なり、２００９年の入域観光客数は、５６５万人と前年比で６・５％減少し、９・11同時多発テロの２００１年を除き、ずっと右肩上がりだった勢いが損なわれてしまった。

２００８年には、創業メンバーの一人であり、現在も相談役として活躍している宮里政欣が「沖縄観光の開拓者」としての功績が認められ、第44回琉球新報社賞を受賞した。宮里は、前年の２００７年にも、旭日双光章を授与されていた。宮里はそれまでにも、沖縄県功労者表彰、国土交通大臣表彰など数々受賞しているが、沖縄観光に対する功績の新たな「証」が一つ加わったことになる。

１９５８年創業の沖縄ツーリストは２０１３年、55周年を迎える。この間、沖縄県に本社を置く一企業に留まらない役割を果たしてきた。沖縄本島と本土、そして海外各国を結ぶ航空航路の開設に少なからず影響を及ぼしてきた。また、沖縄本島と県内の離島、あるいはかつての琉球弧と呼ばれる奄美群島に至る島々への航空便についても同様だ。

また、戦前は、製糖とパイナップルが主要産業であった沖縄に、新たな産業として観光産業を定着させた功績は計り知れない。

現在、沖縄の主要産業は３Ｋと呼ばれている。観光・建設・基地の３つのＫが頭文字につく産業だ。建設に関して言えば、本土復帰前には、道路・橋などの交通インフラにおいて、沖縄と本土には大きな格差があった。しかし、すでに沖縄県の交通インフラは、本土に引けを取らないレベルにまで達している。また、バラマキ予算に対する批判は大きくなる一方である。短・中期的には、公共事業は、那覇空港の第二滑走路の増設や大型ＭＩＣＥに対応した施設の整備などが見込まれるものの、長期的には厳しい状況が予想される。

基地産業についても、早期に基地のない島を目指すという県民の意思は根強く、縮小こそすれ、拡大することは考えにくい。こうして考えると、主要３Ｋ産業で、今後の沖縄経済を支えていく可能性のあるのは観光産業だけである。

この観光産業のリーディングカンパニーとして、沖縄ツーリストが果たす役割は今以上に重要なものとなるだろう。かつて東良恒や宮里政欣など６人の若者が起こした企業は、沖縄県経済発展の中心的存在となっているのである。

✺ＪＡＬの破綻と旅行業界への影響

２０１０年1月、日本を代表するナショナルフラッグシップキャリアである日本航空が経営破綻に追い込まれた。しかし、経営破綻したものの、実際は営業を中止することはなく、国が支援する形で運行を継続し、再生を目指した。

日本航空では、経営効率化のために、不採算路線や搭乗率の低い路線の廃止、便数削減、そして機材の小型化など、様々な合理化が進められた。これにより、地方都市や離島などの住民に少なからず影響が出た。ＪＡＬグループのＪＴＡ（日本トランスオーシャン航空）は、沖縄の離島便を中心に運航しており、また、２００２年にＪＡＬがＪＡＳ（日本エアシステム）を吸収合併した際に同グループ入りしたＪＡＣ（日本エアコミューター）は九州各地の離島便が多かった。特に、こうした路線では影響が大きかった。

同様に、当時国内便の半数以上の便数を抱えていたＪＡＬの破綻は、航空機での移動旅行をメインとして扱う旅行会社各社にも大きな影響を与えた。沖縄ツーリストは飛行機を利用した旅行を企画する代表格とも言える旅行会社であるから、影響は深刻だった。当然この年の業績は振るわなかった。

こうした非常事態に対応するため、沖縄ツーリストでは、創業以来、初めて退職希望者を募ることとなった。これにより、一年で50名の従業員が沖縄ツーリストを去っていった。また、レンタカーの保有台数も減らした。当時県内ナンバーワンの台数を誇っていたOTSレンタカーであるが、2年間にわたり毎年約1000台ずつを売却した。ちょうどこの時、為替相場は円高に振れており、海外の中古車市場への輸出による売却損が出ることを覚悟しての断行だった。

リーマンショックの影響により、沖縄への入域観光客数は伸び悩んだ。同時に沖縄ツーリストも試練の時が続いた。

JALの破綻の年には、競合のANAも赤字を出した。また、旅行会社各社も軒並み厳しい決算となってしまった。そんな中で、2010年は過ぎていった。そして、そこから少しずつ抜け出そうとする気配が見えた頃、日本を揺るがす大きな出来事が起こる。

第5章

新たなステージを迎えた観光地沖縄と沖縄ツーリスト

〈2011年～2013年〉

２０１１年３月11日、三陸沖を震源とする超大型地震が発生し、東北地方から東日本各地にかけて大きな被害をもたらした。

地震の当日、著者は沖縄本島にいた。当日の沖縄は晴れており、３月半ばというのにすでに暑さが感じられていた。その日夕方の飛行機で東京に帰る予定のため、那覇空港に向かう車中にあった。沖縄では揺れを感じなかったが、空港に到着し、ロビーで放映されるテレビ報道から、悲惨な惨状がみてとれた。那覇空港においても、夕方には津波が押し寄せるかもしれないとの予報があったが、搭乗口から見える海を見る限り大きな変化はなく、いつもの沖縄の綺麗な海が広がっていた。

不況が続く日本経済は、２０００年代初めから中ごろにはいったん持ち直しの気配を見せたが、いわゆるリーマンショックの影響で、再び回復の勢いは失速した。そんな低迷感が漂う中、巨大地震は起こった。地震の影響は東日本だけでなく、被災地から遠く離れた沖縄でも少なからずあった。

沖縄ツーリストも日本経済と同じくこの頃は右肩上がりの成長から一転、しばらく厳しい状況下にあった。

「変化に適応し、進化し続けていく」ことが企業の存続には、なにより不可欠だ。沖縄ツーリストは、この頃から大きく変化を遂げ始め、そして進化の様子がはっきりと見え始める。

✺東日本大震災による大打撃

２０１１年３月11日以降、日本全体の観光需要が落ち込んだ。東日本大震災は沖縄ツーリストにも大きな収益悪化をもたらした。

沖縄県の入域観光客数の対前年同月比は２０１３年３月が20・８％減、４月が22・２％減、５月が18・２％減、そして６月はやっと一桁台の８・２％減となったが、前年割れは同年９月まで続いた。むろん、沖縄ツーリストの本土各支店からの沖縄送客にも急ブレーキがかかり、売上げは失速した。外国からの観光客も３月11日以降、ほとんどがキャンセルになった。

海外メディアで報道された度重なる東京電力福島第一原発事故の「MELT DOWN」と「Level 7」報道は、原発から１８００㎞離れた沖縄も日本の一部ということで、海外からの観光客が激減した。

また、沖縄ツーリストがトップシェアを誇る沖縄発の国内旅行の需要も冷え込んだ。その中でも、子供や家族を連れての関東・東北旅行は極端に落ち込んだ。例年は、家族や若者に一番人気の東京ディズニーリゾートでさえ大幅に落ち込み、沖縄ツーリストの県内店舗も厳しい試練の時を過ごすこととなる。

２０１１年３月から９月までの大幅な前年割れは、夏季が最も稼ぎ時のレンタカー部も直撃した。旅行部ももちろん厳しかったが、装置産業であるレンタカー事業は、7月、8月、9月の繁忙期で利益を確保するビジネスモデルであり、前述の通り、3月から9月までの大幅な観光客の落ち込みは深刻なものとなった。２０１１年の決算（12月）で、沖縄ツーリストは、創業以来最悪の7億円の赤字を計上することになる。

万一、ＪＡＬの破綻による航空再編と東日本大震災が同一年度に起こっていたら、ほとんどの国内の旅行・観光事業者は危機を乗り越えられなかったかもしれない。

✺沖縄ツーリストの東日本大震災支援活動

大震災が本業に大きな打撃を与えている間も、沖縄ツーリストは、会社として一丸となって積極的に被災者への支援活動に取り組んだ。官民一体となって取り組んだ活動の一つが、東北三県（岩手県・宮城県・福島県）の被災者を沖縄県内の宿泊施設に避難してもらう一時避難受入支援策であった。

震災後、沖縄県は、被災（罹災）証明書を持つ人、または住所で被災者と確認できる人について、航空運賃およびホテル滞在費を無料で受入れる体制を整えた。沖縄県ホテル旅館生活衛生同業組合、日本ホテル協会沖縄支部、沖縄観光コンベンションビューロー、そして日本旅行業協会沖縄支部などが民間団体と協力し、３００軒以上のホテル（1日3食付き）が受入れ可能となった。しかし、被災者に対して、避難のワンストップサービスを提供できるノウハウが不足していた。

このため、沖縄県との調整のもと、県庁１階に社員を常駐させることにした。以降、被災者受け入れは順調に進んでいく。また、沖縄ツーリスト仙台支店は、出発する被災者を送り出すために、ほぼ毎日、仙台空港や山形空港に出向き、沖縄県対策チームの一員として一時避難者がスムーズに出発できるよう尽力した。この支援活動は、後に沖縄県知事から感謝状を受けることになる。

そして、県外からの観光客の落ち込みをカバーすべく、沖縄ツーリストでは「沖縄を楽しもう！　旅しよう！」というキャッチフレーズで、県民向けの沖縄県内旅行に力を入れた。取引先でありパートナーである観光施設の売上を少しでも補填するため、役職員も率先して一般の顧客となった。

一時避難者のために、民間として沖縄ツーリスト独自の「ホテルロングステイ支援プラン」や「レンタカー・マンスリー支援プラン」も企画した。ペットと一緒に沖縄に一時避難してきた家族のために、ペット対応レンタカーも内装を工夫して用意した。「レンタカー・マンスリー支援プラン」は早々に１００件以上の利用があり、これは現在も定番商品となっている。

また、第５回世界のウチナーンチュ大会の開催年でもある２０１１年、沖縄ツーリストは、ＷＵＢ（ワールドワイド・ウチナーンチュ・ビジネス・ネットワーク）と協力し、浦添ゆいゆいキツズシアターが歌うＣＤ「Go Ahead Your Way!」を救済資金の造成のために制作し販売した。ＷＵＢは世界的な沖縄県系人企業家によって組織されており、社長の東が沖縄支部の会長を務めていた。このＣＤの売上金の大部分は、東日本大震災の被災地で活動するＮＰＯや赤十字社に寄付された。

支援先の一つに福島県郡山市のＮＰＯ法人「PEP Kids Koriyama」がある。「PEP Kids Koriyama」は、原発事故による放射線のため外で長時間遊ぶことのできない子供たちにインドアで遊び場を提供するなど、様々な活動を行っている。同ＮＰＯ理事長の菊池信太郎氏と沖縄ツーリストの協力関係は今でも続いている。

また、同年はアフリカで深刻な干ばつがあり、ソマリア周辺には困窮した難民があふれていた。このチャリティＣＤの売上金１００万円は、アフリカ国連難民高等弁務官事務所を通じて、同地域へも寄付された。

沖縄ツーリストは、自らの経営状況が厳しい中でも、各種の支援活動に積極的に向き合った。多くの会社が、業績悪化に伴って採用枠を抑えたり、採用を中止したりする中、沖縄ツーリストでは、航空再編から3・11大震災という苦しい2年間においても、例年通りの枠で新入社員を採用している。これは、赤字が一時的なものであるという確固たる自信の現れだったのかもしれない。

2011年3月30日（水曜日）　琉球新報

被災者の長期滞在支援

沖縄ツーリスト　車・宿泊一括予約

沖縄ツーリスト（那覇市、東良和社長）は29日から、東日本大震災の被災者や避難者の沖縄での長期滞在を支援しようと、レンタカーや宿泊施設の手配を一括して請けるワンストップサービスを始めた。同社豊崎ビルのコールセンターで関東方面からの電話予約を受け付ける。

レンタカーや宿泊施設の長期利用プランを低価格で提供する。レンタカー部門のOTSレンタカーは1週間と1カ月の長期利用プランを設定し、通常料金の5～8割引きの2万～3万円台で貸し出す。ペットの犬・猫が同乗できる車両も用意。宿泊は同社の呼び掛けに応じた県内宿泊施設32カ所が通常料金の半額程度で受け入れる。東社長は「自主的に避難して来た人も多い。公的支援と併せて、受け入れノウハウのある旅行社としてできるサービスをしていきたい」と話している。

長期滞在の被災者対象に割引プラン

沖縄ツーリスト

沖縄ツーリスト（那覇市）は、東日本大震災の被災者支援として、長期宿泊者向けにホテルやレンタカーを通常料金の半額程度で提供する「ロングステイ支援プラン」を29日から始めた。本島内のシティーホテルやリゾートホテルなど32施設と提携し、ペット同伴が可能な宿泊施設も用意した。

1カ月以上滞在を希望する場合は、マンスリーマンションなどを手配するなど関連業者と提携しワンストップサービスを実施する予定。支援窓口となるコールセンターを同日付で開設し、14人態勢で対応する。

同社の山本達涼広報企画部長は「被災地域から自費で沖縄に来られ、長期滞在を希望する方々の受け皿として、民間業者で可能な支援プランとして企画した」と話した。問い合わせはコールセンター☎050（5533）0978。

2011年3月30日（水曜日）
沖縄タイムス

東日本大震災後の沖縄ツーリストの取組みを報じた新聞記事と沖縄県からの感謝状

✺株式会社ＯＴＳサービス経営研究所の設立

ＯＴＳサービス経営研究所は、２０１０年、旅行会社としての流通とインバウンドのツアーオペレーターのノウハウに精通したシンクタンクとして産声をあげた。その母体は、１９８８年に設立されたＯＴＳ観光開発株式会社である。ＯＴＳ観光開発株式会社は、バブル期の１９８０年代、沖縄ツーリストがリゾート開発やホテル買収を手掛けるための不動産取引や開発を主要ビジネスとする会社になるはずであった。しかし、その設立準備の最中にバブルははじけ、１９９０年代に入ってからは沖縄でもホテルオーナーの破産やリゾート開発の頓挫などが相次いだ。

当時、東と宮里は航空機ビジネスには並々ならぬ情熱を持ち、様々なアクションを起こしていたが、リゾート開発や大型ホテルの買収については、情報量でもノウハウでも後れをとっていた。

ＯＴＳ観光開発株式会社は結局、当初目的とした不動産関連で大きな事業をすることなく、主要なビジネスを広告代理業に変更する。

ＯＴＳサービス経営研究所は、直近の2年間、東京電力福島第一原発事故によるインバウンドの風評被害に関する書類の処理、県内観光施設を対象とした中国語の語学研修、沖縄本島におけるアレルギー対応食モニターツアーの実施、県内観光の閑散期とインバウンド動向の関係性を俯瞰できる「沖縄観光先読みカレンダー」の作成などを手掛けてきた。

２０１３年は、沖縄県から「沖縄感動産業戦略構築事業」を受託した。これは、沖縄の文化スポーツ観光の魅力をより効果的に融合することにより、沖縄の観光資源を「感動体験プログラム」に昇華させる取り組みであり、同時に沖縄県の観光の閑散期とされる４月から６月、11月から翌２月の観光客数の底上げを図る事業である。沖縄ツーリストが最重要課題としていた閑散期対策の事業について、沖縄の様々な観光関連業者が共同で取り組むことで、沖縄経済においても雇用、設備投資、人材育成などの面で好循環がもたらされることだろう。ＯＴＳサービス経営研究所は、現時点ではまだまだ未知数ではあるが、単なる調査業務だけではなく、沖縄観光を取り巻く様々な課題に対し、より実効性のある解決策を提案・実行する役割を担う機関になることを期待したい。

✺ＬＣＣ（格安航空会社）の沖縄線就航

２０１２年は日本におけるＬＣＣ（Low Cost Carrier）の元年と呼べる年だった。ピーチ・アビエーション、ジェットスター・ジャパン、エアアジア・ジャパンの３社が産声をあげ、日本の航空産業の新たな扉を開けた。ＬＣＣにとって、成田空港や関西空港と那覇空港を結ぶ路線は主力路線である。

運航を開始して1年余りの現時点で、ＬＣＣは、那覇空港路線における供給座席数の増加と安価な航空運賃により、沖縄観光をより身近なものにさせたということが言えそうだ。

その一方で、定時運航率の低さに対する批判は多いようだ。また修学旅行などの団体旅行を受け付けず、個人旅行に特化している点など、利用客のニーズに応え切れていないという課題もある。

また、ＬＣＣについては、経営基盤の脆弱さも指摘されている。２０１３年6月には、採算が合わないとしてマレーシアに本社を構えるエアアジアは、ＡＮＡとの提携を解消し、日本の空から撤退することを表明した。

世界各国で広まってきたＬＣＣだが、日本の航空業界、そして航空業界の影響を受けやすい沖縄の観光産業にとっては、今後の動向について注視する必要がある。

✺ツアーグランプリの受賞

２０１２年9月、沖縄ツーリストは、「２０１２国内・訪日旅行部門グランプリ」を受賞している。これは、旅行会社による優れた企画を讃えるもので、前述のパプアニューギニアツア

沖縄ツーリストW表彰

すぐれた旅行社の企画をたたえる「ツアーグランプリ2012」の国内・訪日旅行部門でこのほど、沖縄ツーリスト（OTS）のムスリム沖縄4泊5日ツアーが選ばれ、22日、東京・有明であったJATA旅博（主催・日本旅行業協会）の会場で表彰された。

またOTSが20年余りにわたって実施しているインド周遊ツアーがインドの観光省から認められ、同会場内であわせて表彰を受けた。

沖縄ツーリストの（左から）バクシ・プラモドさん、デニス・トルトーナさん、宮部樹海さん＝24日、沖縄タイムス社

イスラム圏誘客
宗教上の配慮実現

OTSはことし6月、宗教上のしきたりで豚肉やアルコールが禁じられ、毎日の礼拝が欠かせないイスラム教徒のシンガポール発の沖縄ツアーを実現。全国的にも未開拓とされるイスラム圏から団体旅行の誘致に成功した。これをきっかけに、11月にはマレーシアからのツアーが予定されているという。

担当のデニス・トルトーナさんによると、ムスリム向けの現地旅行社に企画を持ちかけたが、沖縄がどこにあるのかさえ分からなかったり、分かっても豚肉が食文化の沖縄でツアーは不可能と断られたりした。県内のホテルや観光施設に協力を求めながら提案を続け、3年がかりで実現させた。

インド周遊企画
現地の家庭を訪問

またインドツアーは、家庭訪問で現地の料理を味わい、地元の人と触れ合うなど、現地の文化・習慣に触れ合えるのが特徴。小回りがきく旅行社ならではの企画で、OTSのバクシ・プラモドさんは「沖縄と習慣がよく似ていて、沖縄の人が親しみを感じることができることからリピーターが多い」と話した。

2012年（平成24年）9月26日水曜日

訪日部門グランプリ
旅博　インド観光省特別賞も
沖縄ツーリスト

沖縄ツーリスト（那覇、東良和社長）は、21〜23日に東京ビッグサイトで開かれた「JATA旅博2012」（主催・日本旅行業協会）で国内・訪日部門のツアーグランプリ賞を受賞した。6月に県内に初誘致したムスリム（イスラム教徒）ツアーが評価された。同社は1994年以来2回目の受賞。同時に、90年代から継続的に実施している「インド周遊3大史跡めぐり」で、インド観光省の「インドツアーコンテスト2012」審査員特別賞を初めて受賞した。

県内ではこれまで、イスラム教の戒律に従って製造された「ハラール」食品や礼拝への対応がなく、イスラム教圏からのツアー団体客の受け入れは困難だった。同社はハラール食品の対応など受け入れ環境を整備し、6月にイスラム教圏のシンガポールから約100人を誘致した。

24日、琉球新報社を訪れた国際事業本部のデニス・トルトーナ主任は「東南アジアは未開拓の市場。ムスリムの受け入れ態勢を整えれば、より多くの観光客が訪れる」と話した。

一方、インドの3大史跡を巡る8日間のツアーは、インド人の生活文化まで触れられる体験を組み込んだことが高く評価された。

インド出身のバクシ・プラモド海外企画販売部門副部長は「多くの観光客を送り出すより、質があるツアーも大事だ。深みのあるツアーはインドへのリピーターづくりにもつながる」と述べた。

「JATA旅博2012」で表彰される沖縄ツーリストのデニス・トルトーナ氏（右から2人目）ら＝東京ビッグサイト

2012年（平成24年）9月25日火曜日

ツアーグランプリ2012の受賞を報じた新聞記事
（上・沖縄タイムス、下・琉球新報）

ーでの受賞（1994年）に続いて、2度目の受賞となる。

受賞対象企画は「ムスリム沖縄ツアー」。2012年6月に、ムスリム（イスラム教徒）の観光客をシンガポールから沖縄へ誘客したツアーである。同ツアーの企画、実施に際して、沖縄ツーリストは、宗教上の理由による食事内容（豚肉、アルコールの禁止など）への対応、毎日の礼拝の場所の確保など、様々な手配を行った。これらは、海外出身社員の働きによるところが大きい。沖縄県内のホテルや観光施設に協力を求めながら、粘り強く交渉を続け、約3年の歳月をかけて実現にこぎつけた。

このような努力により、戒律に厳格なイスラム教徒の観光客から高い評価を得た。同ツアーには約100人のイスラム教徒が参加。全国の旅行会社にとって未だ十分に開拓されていないイスラム圏からの団体客の誘致に成功したことが認められた。

また、同時に沖縄ツーリストが20年にわたって実施しているインド周遊ツアーが、インド観光省の主催する「インドツアーコンテスト2012」において、審査員特別賞も受賞している。このツアーの企画、実施においても、外国人社員による功績が大きい。

✺ダイバーシティ経営企業１００選

沖縄ツーリストの海外インバウンド部門は１９７６年に設置された。当初、当部門では少数の外国人が、主に通訳や翻訳など言語に関する業務を担当し、旅行や観光業務の主要な部分については、サポート的な役割に過ぎなかった。

近年、アジア各国の経済成長に伴い、こうした国々から沖縄への観光客が増加したことから、沖縄ツーリストでは海外出身者を積極的に採用している。２０１３年９月現在、海外インバウンドを担当する部署には約20人の外国人スタッフが在籍し、言語関連の業務のみならず、旅行の企画や営業などの主要業務も行うようになってきている。さらに、そのうちの何人かはグループをまとめるポストに就任し、活躍している。

このように、多国籍の人材による多様な知識や経験などを生かして、アジアを中心とした各国からの観光客の嗜好に適した旅行商品を開発することで、海外客からの支持を得ている。

２０１３年３月には、こうした企業活動が評価され、沖縄ツーリストは、経済産業省が主催する平成24年度「ダイバーシティー経営企業１００選」に選定された。初年度43社の一角に名を連ねたのである。この賞は、多様な人材を活用して業績を向上させた企業を全国から選ぶもので、沖縄ツーリストは、沖縄企業で唯一、また旅行業界でも全国で唯一選ばれた企業である。

✺企業内保育施設〈ふじのき保育園〉

女性の社会進出が言われて久しい。

今では、結婚後もそのまま勤務することは当たり前となり、妊娠出産を経て、再び会社に復帰する光景も珍しくなくなった。また、離婚数が増加し、再び働き始める女性も増えている。

沖縄ツーリストは、女性社員を積極的に採用、登用することでも知られている。

企業としても、仕事に慣れて活躍している社員の離脱はマイナスが大きく、子供を持つ働き盛りの社員が安心して就業できる環境整備が求められている。

厚生労働省が、女性の活躍を推進するために実施している「ポジティブ・アクション」において、社長の東は、「旅行会社において、社員の経験は重要な財産のひとつです。例えば、お客様に旅行商品をお勧めする際、自分自身がその場所を旅した経験があれば、説得力も違ってきます。女性の社員比率が半数を占める当社にとって、このような経験を有している女性社員が、就業環境を理由に退社を余儀なくされるとすれば、それは、女性社員本人だけではなく、会社、そして社会にとっても大きな機会損失です。このことからも、沖縄ツーリストでは、女性にも働きやすい就業環境を整備することで、ポジティブ・アクションを積極的に推進して参ります」という企業姿勢を表明している。この意思表明を裏付けるアクションの一つが、事業所内保育施設の設置である。

沖縄ツーリストでは、２０１０年12月、沖縄県豊見城市の豊崎ビル内に、事業所内保育所〈ふじのき保育園〉を開設した。会社で子育て支援を行い、職員が働き続けたり、復職しやすい環境を整えるためだ。

同保育園は、０歳から未就学児童が対象で、定員は26人。沖縄ツーリストや近隣の企業の子供たちを受け入れている。開園時間は、午前８時半から午後８時までで、社員の出勤状況により土・日曜日も対応している。保育園には２人の保育士が常駐。運営は、外部の専門業者に委託している。２０１３年９月現在、１歳～４歳までの幼児16人を預かっている。

✺新石垣空港開港とレンタカー営業所開業

２０１３年３月７日、石垣島に、待ちに待った新空港が誕生した。

１９７６年５月の基本計画策定から、実に37年をかけての開港である。２００６年10月の起工式から６年半、２０１１年のターミナルビル着工から１年半を要した。

レンタカーの各事業者も、この新空港の開港を心待ちにしていた。複数のレンタカー事業者が共同で入居するための用地が確保され、空港に隣接した便利なレンタカーステーションとして大きな期待が寄せられた。

空港隣接の共同ステーションは、那覇空港にも宮古空港にもない新石垣空港の強みとなる。ＯＴＳレンタカーも、いち早く、このレンタカーステーションへの入居を希望し、手続きをすめた。しかし、２０１２年12月、レンタカーステーションの整備が新空港開港には間に合わないことが判明する。

レンタカーステーションの竣工が半年遅れるという現実に、ＯＴＳレンタカー担当役員は、悩んだ末、同ステーションが整備されるまでの間、空港に近い敷地を独自に確保し、営業することを決断した。利用客の利便性を優先しての判断であった。新空港の開設と同時に空港近くで営業を開始したのは、ニッポンレンタカーとＯＴＳレンタカーであった。

半年間、電気も水道もない更地に15坪のプレハブ事務所をレンタルして営業所を開設した。石垣島は、例年３月中旬に海開きが行われる。つまり、本土でいう初夏の始まりにあたり、観光客が増加する時期である。

この更地での営業は熾烈なものであった。燃料式の自家発電機で電気を起こし、農業用の水タンクで貸出車両を洗車した。タンクの水は、軽トラックで運んで給水した。暑い陽射しや雨から利用客を守るため、10ｍ四方のパワーテントを張って対応した。舗装もされていないため、雨が降ったら利用客の足も砂や泥にまみれる劣悪な環境だった。

２０１３年８月末、待ちに待ったレンタカーステーションが、プレハブ事務所の隣接地に完

プレハブ事務所で営業を開始したOTSレンタカー石垣営業所
（2013年3月）

新設のレンタカーステーション（2013年8月）

成した。社長の東は3月の新空港開港後、このプレハブ事務所に幾度も足を運んだが、「決して軽々しく頑張ってくださいとは言えなかった」と、その時の心境を吐露した。

第6章

近年の沖縄観光政策とこれからの沖縄観光の展望

２０１３年８月の入域観光客数は、初の70万人超え（70万５５００人）を達成し、月間数値で過去最高を記録した。また、同月までの直近の数字を見ると、月ごとの入域観光客数は、２０１３年３月から６か月連続で過去最高を記録し、対前年同月比に至っては、11か月連続で上回っている。

数字の上では絶好調だ。好調の要因の一つには、前年と異なり、２０１３年は８月まで台風の影響をほとんど受けなかったことも挙げられる。

２０２１年度の沖縄県の入域観光客目標は１０００万人。国内客８００万人、外国人客２００万人だ。国内客の入域者数は、２０１２年度の１・４倍になれば目標に到達できる計算だ。

一方、外国人客は、２０１２年度の５倍以上に増加しないと２００万人の目標は達成できない。数字だけを見ると、国内客の方が目標達成の可能性が高いように映る。しかし現実には、国内客の空路による入域者数は２００７年度の５６７万人（その他を足せば５７０万人）をピークに一進一退を繰り返している。

逆に外国人入域者数は、２０１２年度で40万人弱であるが、前年比27％の増加となっている。

２０１４年春には、那覇空港の新しい国際線ターミナルビルが供用開始となる。成長するアジアの需要を取り込めば、外国人入域者数の方が目標達成の可能性が高いと考えられる。

沖縄県による「沖縄21世紀ビジョン基本計画」のもと、「第5次観光振興基本計画」が策定され、また政府からは比較的自由度の高い一括交付金制度も整備されている。観光がさらに沖縄経済を牽引するための環境は整ってきた。しかし予算がいくら充実しても、旅行・観光の流通の仕組みや、航空業界や空港の仕組みをきちんとしなければ、十分な成果は期待できない。

沖縄ツーリストの55年は、トライ&エラーも数多くあったが、少なくとも観光一筋で、旅行流通、航空業界、空港業務、発地市場を体系的に俯瞰し、実践してきていることは言える。

この章では、沖縄ツーリスト東社長と著者とが「これからの沖縄観光産業の展望」について対談した内容を再編集し、県の観光政策の一端と沖縄ツーリストが現在取り組んでいることを紹介したい。

✺沖縄ツーリストの試練

２０１０年１月の日本航空破綻直後の４月、国内線のコミッションカットが始まった。国内航空券の代理店取扱手数料は、それまでの５％から２％に切り下げられた。これは、日本航空が破綻する前年からの航空会社全体での動きであった。

それまでの５％の手数料自体も、他の産業と比較して決して高いものではないが、２％という手数料率は、もはや旅行会社は航空券販売ではビジネスモデルの構築が難しいことを意味している。現在では、全国的に旅行会社の窓口で航空券を予約・購入すると手数料が付加される。これはこの国内線コミッションカット以降のことである。

さらに、日本航空の破綻は、ＪＡＬグループの航空路線再編にとどまらず、全日空をはじめとする他の航空会社による減便や機材の縮小、または地方と沖縄を結ぶ路線の廃止へとつながった。その結果、２０１０年から２０１１年にかけて、沖縄と本土を結ぶ航空座席の提供総数は著しく減少することになる。このことは、観光客の97％を空路に頼る沖縄にとってはまさに大打撃となった。

これに伴い、沖縄ツーリストの旅行部、レンタカー部の売上も大きく落ち込んだ。

コミッションカットへの対応はある程度準備をしていた。しかし、予想を超える大幅な減便や路線の廃止に対して、不採算店舗の閉鎖、勧奨退職の推進、レンタカー保有台数の大幅削減というこれまでにないリストラに着手せざるを得なかった。

沖縄県への観光客は、東日本大震災発生後だけでなく、震災直前の２０１１年１月、２月においても減少していたという事実は、あまり注目されていない。同時期、人数にして３万６６００人、対前年比で４・２％減少した要因の一つに挙げられるのが、航空便の提供座席数の減少である。

航空会社による路線廃止、減便、機材縮小などの空のリストラクチャリングは、これからも確実に沖縄観光に影響を与えると考えられる。また、今後のＬＣＣの就航路線の変化にともなう提供座席数の推移にも注視していく必要があろう。

島嶼県沖縄にとって提供座席数の増減という不安定要素は、一企業にとどまらず、観光産業全体の試練になり得る重要な問題の一つである。

✺ＯＴＳ心カードと人材育成

沖縄ツーリストは、地元沖縄県では常に就職人気企業の上位にランクされている。もちろん、会社の規模や待遇も評価される一因であろうが、人材育成のあり方についても学生を惹きつける理由となっている。沖縄ツーリストの社員は全員が「ＯＴＳ心カード」というクレドのようなカードを持っている。

そこには、社是・社訓に加えて、日本を代表する陽明学者で近江聖人と呼ばれた中江藤樹（１６０８～１６４８）の教えの一部である「五事を正す」という言葉が記載されている。

入社時の研修では必ず、中江藤樹の生涯を映画化したＤＶＤを見て、その意味を理解する。他人に対して思いやりを持つ心の教育である。これは、社長の東が沖縄県教育委員の頃、教育視察で滋賀県の中江藤樹記念館に立ち寄った時に入手したものであり、教育委員を退任する際には、沖縄県下のすべての高等学校と特別支援学校に、このＤＶＤを寄贈した。ちなみに、沖縄ツーリストが運営する企業内保育施設の名前は、「藤樹」を訓読みした「ふじのき」保育園である。

五事を正す

貌【ぼう】表情
心をこめてやさしく和やかな顔つきで人と接しましょう。

言【げん】言葉づかい
相手に気持ちよく受入れられるような話し方をしましょう。

視【し】まなざし
心をこめて温かいまなざしで人を見、物を見るようにしましょう。

聴【ちょう】善く聞く
相手の話に心をかたむけてよく聞くようにしましょう。

思【し】おもいやり
真心をもって相手を理解し、おもいやりの気持ちを持ちましょう。

「近江聖人 中江藤樹先生のことば」

座右の銘

社長 東良和の座右の銘

人の己を知らざるを患へず
其の能はざるを患ふ

【解説】人が自分の価値実力を分かってくれないと気にする前に、それを成し得ない自分の実力を心にとめ努力をしなさい。（論語憲問第十四）

「観光」と「交流」で地域社会に貢献します
沖縄ツーリスト　OTS RENT-A-CAR

One Two Smile OTS
〜感謝を笑顔に込めて〜

【観光は】
相互理解による平和交流に貢献します
地域の自然や伝統文化を大切にします
地域の経済発展に貢献します

OTS 心カード

社是
地域に根ざし
世界にはばたく
Local=National=Global
社会に求められる企業を目指して

社訓
今日のお客様を喜ばす
全部署での
スピード＆ホスピタリティ向上の実践

OTS行動指針

※旅行の安全と仕事に携わる全ての仲間の健康を最優先します。

※国際的な業務に従事する者として、国や地域、民族や宗教を貶めるような言動は慎みます。

※挨拶は自分から先に、相手に聞こえるようにはっきりと丁寧に声を出します。

※時間の約束に「頃」は使わないようにします。

※「〇〇日までに」という約束は、遅くとも当日の相手の終業１時間前までの約束であると心がけ実行します。

※約束をした時間の５分前にはその場所に到着し、事前の準備を済ませます。

※仕事を紹介していただいた相手には、必ず経過と結果を報告し、終了後もお礼を伝えます。

※メモを取る習慣をつけ、分からない事は自ら調べます。

※字は大きく、濃く、丁寧に記し（前倒し）誰でもストレスなく読めるよう心がけます。

※ミスを防ぐ為、再確認を徹底します。

お客様へ

※専門用語を使わず、お客様に分かりやすい言葉で話します。

※予約のお取消待ちをいただいているときは、変化がなくても２、３日に一度は連絡をとり、お客様の不安を和らげるように努めましょう。お客様のご希望に添えそうにないときは早めに代替案を提案します。

※お客様への連絡・報告は聞かれる前にしましょう。また、いつ詳細をお伝えするかを前もって連絡します。

※話をするときは相手が語尾まではっきりと聞き取れるような声で話します。

※相手の名前は敬称まできちんと呼びます。

※お客様は「いらっしゃいませ」と大きな声でお迎えしましょう。接客中等で声を出せない場合は目配せをして歓迎の意を伝えます。

※お客様が事故・事件に巻き込まれた場合、被害の状況を聞いたり、解決策を提案したりする前に、先ず、お客様の身の安全を確認し、お客様の不安を最小限に抑えるように努めます。

社内で

※お客様の前では部下や同僚でも呼び捨てにせず丁寧語で話します。

※お客様の前ではどんなことがあっても部下を叱ったり、仲間同士の言い争いはしないようにします。

※部下が接客で困っているときは横について一緒に対応するようにします。

※仕事が詰まるのは、①その社員の能力以上の仕事を抱えているか、②その社員の業務量をこえているかの２つです。①は業務知識に長けた先輩や同僚が助け、②は仕事を分業し解決にあたります。

※外出先、帰社予定時間を明確にし、変更がある場合は必ず連絡します。

※報告、連絡、相談を徹底し、情報共有に努めます。

沖縄ツーリストの社員全員が持っている「OTS心カード」

✺北海道インバウンドへのチャレンジ

沖縄ツーリストは、２００８年にそれまでの札幌支店を北海道ツアーズ株式会社として独立させ、２００９年6月にはＯＴＳレンタカーの新千歳空港営業所を開設した。

また、２０１３年5月には、新千歳空港と旭川空港の国際線到着旅客送迎サービス業務を行っている株式会社ＺＥＲＯ ＰＬＡＮＮＩＮＧ（ゼロプランニング：以降ＺＥＲＯ社）をＯＴＳグループの一員として迎え入れた。ＺＥＲＯ社は、空港での受入れ業務の他にも、外国から北海道を訪れる観光客の宿泊やバス、通訳ガイドの手配なども行っており、２０１１年度は約１万人のお客様に対応している。

ＺＥＲＯ社社長の増井淨美氏は、沖縄ツーリスト社長の東と将来へ向けたビジョンを共有し、今後も増加が予想される外国人観光客の需要を積極的に取り組むため、沖縄ツーリストと連携することを選択した。また、東は、ＺＥＲＯ社の極め細やかなサービスと真摯な経営姿勢が、これからのＯＴＳグループのインバウンド事業に絶対に必要な要素だと感じた。

外国人観光客の年間受入れ人数を比較すると、２０１２年度の沖縄県の38万人に対し、北海道は79万人である。沖縄県の38万人のうちの14万人はクルーズ客であるから、空路で宿泊を伴う観光客としては、それ以上の差があることになる。ＺＥＲＯ社と沖縄ツーリストによる海外での営業ネットワークを結びつけることで、かなりの相乗効果が出てくることが予想される。

２０１３年１月から８月までの沖縄ツーリストの収支は、極めて好調に推移している。３・11大震災からのＶ字回復と言ってもいいだろう。好調時だからこそ、成長が見込める市場に投資をするのは経営の基本である。

現時点では、北海道ツアーズが取り扱う日本人国内旅行者数は、外国人旅行者数よりもはるかに多い。

しかし、将来の堅実な発展のためには、人口減少に向かう国内市場のみに頼るのではなく、海外市場からの顧客の取り込み強化が必須となる。ＺＥＲＯ社では、日本政府によるビザの発給要件緩和に伴い、タイやマレーシアからの団体の予約も増加してきている。２０１３年後半には、イスラム教徒の旅行者へ対応するため、札幌市内狸小路に礼拝場所が確保できる事務所を開設する予定だという。

✺システミックなグローバル観光市場

尖閣諸島に端を発した日中関係の悪化により、日本を訪れる中国人観光客が減少しているようだ。観光に限らず、日中間の健全な関係構築と維持は、東アジアの安定には欠かせない。

訪日する中国人観光客数が足踏み状態である一方、中国からの出国数はぐんぐん伸びている。２０１２年、８３００万人が海外旅行に出かけたといわれる中国海外旅行市場。２０１３年には１億人を超えると予想されている。彼らは、台湾や韓国、香港やシンガポールを目指し、旺盛な旅行需要が顕在化している。

近年、旧正月や労働節、国慶節の時期ともなれば、アジアの観光地は、中国人旅行者で占拠される。

各観光地の宿泊施設や航空座席は満杯状態となり、中国人の旅行のピーク時と重なると、例えば、日本人が香港に行きたくても、ホテルの予約が取りづらいなどということが起きる。

個人旅行というミクロな視点で見ると、あまり感じられないかもしれないが、旅行・観光産業というマクロな視点で見ると、大量の中国人海外旅行者は、たとえ彼らが日本を訪れなくても、日本人の観光市場に大きな影響を与えている。すなわち、日本人に人気のある目的地やホテルが、中国人観光客に占有されると、日本人はそこに行きたくても予約ができなくなり、結果として、旅行先として代替地を選ばざるを得なくなる。

また、中国を除くアジア各国から日本への観光客の激増は、外国人が日本発着の提供座席をそれだけ占有していることを意味する。結果として、日本人の旅行者は、予約のとりやすい目的地を知らず知らずのうちに選択しているのだ。それが、２０１３年絶好調の沖縄と、さらにその上を行く北海道なのかもしれない。

観光市場では、国内外に関わらず、すべて人の流れがつながっており、影響し合っている。ある程度の収入があり、旅行を習慣化している人は、国家間の関係悪化や紛争・災害など外部要因によって行先を変えることはあっても、旅行自体を取りやめることはないと言えるかもしれない。

国連世界観光機関（ＵＮＷＴＯ）が、テロや大規模災害、感染症などのリスクを考慮しても、２０２０年には国境を越えて旅をする国際観光者数が16億人（２０１０年の推計は10億人）に達すると予測しているのも、このようなマクロ的な視点からであろう。

✺積極的な「平和産業」としての観光

沖縄県では小学校４年生になると公立・私立を問わず全生徒に「沖縄県観光学習教材」が配布される。沖縄県と沖縄観光コンベンションビューローからの寄贈である。

その冒頭部分には、観光の意義・使命として

①観光は、相互理解による平和交流に貢献します

②観光は、地域の自然や伝統文化を大切にします

①観光は、地域の経済発展に貢献します

と記されている。

これらは、この教材の編集委員の一人であった沖縄ツーリストの東良和が起草した３つの原則である。観光が目指すところは、まず平和な社会の構築である。同学習教材の中には、21世紀の観光の挑戦として、「平和を築き維持すること（Build and Maintain Peace）」と「貧困の撲滅（Combat Poverty）」という記述がある。この二つは、ノーベル平和賞受賞者で元南アフリカ大統領のネルソン・マンデラ氏が、２００１年９月に韓国（ソウル：24日～27日）と日本（大阪：28日～10月１日）で共同開催された第14回世界観光機関（ＵＮＷＴＯ）総会に宛てたメッセ

沖縄県内の小学校4年生全員に配布される観光学習教材

ージの中にある言葉である。あの9・11同時多発テロの発生から2週間後のことであった。

観光産業はよく「平和産業」であると言われる。しかし、それは多くの場合、平和でないと成り立たない産業だからそう呼ばれているのではないだろうか。

あくまでも人々の交流によって、国と国、地域と地域、人と人が相互理解を促進する。例え時間がかかったとしても繰り返し交流を続けることで、少しずつでも互いの理解が深まり、わだかまりが溶けていくという。観光は、特に民間交流によって、平和な国際社会の構築に資するという、積極的な平和産業にならなければいけないのだという。東は冒頭の3つの原則の順番にこだわっているようだ。

✺那覇空港国際線旅客サービス業務を民間として支える

2013年8月現在、那覇空港国際線で定期便の旅客サービス業務にあたっているのは、JALスカイ那覇と沖縄ツーリストの子会社であるエアーエキスプレスの2社だけである。

2010年のJALの破綻後、正規・非正規に関わらずJALスカイ那覇は、新規の採用を止められていた。一方、沖縄を訪れる外国人観光客が増加する兆しが見えはじめ、那覇空港に

人員不足に悩む那覇空港国際線地上サービス業務に支援を申し出る

乗り入れを希望する外国航空会社がでてきたが、ＪＡＬグループでは人員を確保できずに新規の就航を断らざるを得ない現実に直面していた。国際線の新規乗り入れは、沖縄のインバウンドの発展にとって生命線である。旅客サービス業務がボトルネックになり新規の就航や増便を妨げることは、観光立県沖縄としては避けなければならない。

こうした背景から沖縄ツーリストは支援にのりだした。この事業が赤字になることは、最初から承知していたようだ。しかし、沖縄の国際観光の玄関口である那覇空港国際線を止めるわけにはいかないという使命感で、グループ会社からの派遣を申し出たのだ。現在、ＪＡＬスカイ那覇には、沖縄ツーリストの子会社であるエアーエキスプレスから13名の旅客サービス業務要員が派遣され、増加する国際線の就航に対応している。

もし、沖縄ツーリストが赤字を理由に国際線旅客サービスの派遣業務から撤退すると、那覇空港国際線は途端に機能しなくなる。沖縄ツーリストの貢献は評価されるべきであるが、一方、沖縄県として旅客サービス業務の拡張性をどう考えていくかが課題として残る。

２０１４年春には那覇空港に新しい国際線ターミナルビルが整備される。旅客カウンターなどは拡充整備されるわけだが、専門家からは、旅客サービス業務が現状のままでは、スタッフのマンパワーの制約からハード整備の効果が十分に発揮できない可能性も指摘されている。

また、那覇空港の課題は他にも山積している。自衛隊との軍民共用空港であり、航空機を駐機するスポットに拡張可能性が無いことから、そのスペースはすでに限界に近づいている。２本目の滑走路の早期整備は絶対に必要なことではあるが、その間に、発着枠や駐機場の課題にも真剣に取り組まなければいけない。

沖縄は島嶼県である。陸続きの他府県のように鉄道やバスで観光客を誘致できない。船もあるが、クルーズ船による観光は、基本的に寄港地のホテルに宿泊しない。つまり、空港は宿泊観光客を呼び込むための唯一のインフラである。那覇空港は、他府県で言う新幹線の駅であり、また、大型バスターミナルであり、そして、橋梁・トンネルであり、高速道路のインターチェンジであり、とすべての機能を担っていると考えなければならない。

そのためには、沖縄県がリーダーシップを発揮し、公共財である那覇空港のハードとソフトの両面において、具体的に支援していくことが求められる。

✺沖縄観光の大きな課題　閑散期対策

２０１２年の数字で見ると、沖縄県への入域客が最も多いのは、８月の60万７２００人で、最も少ないのが１月の40万５０００人、次に少ないのが６月の43万４３００人である。最も少ない月が、最も多い月の３分の２程度ということで、それほど大きな差が無いと感じられるかもしれないが、これは沖縄県全体の数字であることを認識しなければならない。すなわち、一般的に那覇市内には、一年を通して観光客が訪れるが、海が主な滞在目的となる離島やリゾート地域では、繁閑の差は大きい。

閑散期は、稼働率だけではなく、客室単価も下がるため各宿泊施設はオフシーズンをどう乗り切るかしのぎを削っている。また、近年も増加している新規ホテル開業による客室数の増加は、業界の競争を一層激化させている。事実、近年、稼働率や単価は下がってきている。

沖縄県や沖縄観光コンベンションビューロー、そして各自治体は、民間と一緒になり、オフシーズンを底上げするために、各種イベントの開催やキャンペーン企画を打ち出している。

なかでも、1月のセンチュリーラン（自転車レース）、2月のプロ野球キャンプ、4月の宮古島と石垣島でのトライアスロン、12月のNAHAマラソンなど、目的が明確なイベントが閑散期の底上げに寄与している。一方、1月には桜祭り（緋寒桜）があるものの、「花」や「食」など、一年を通して楽しめる観光コンテンツについては、あまり知られていない。

前述のように、沖縄ツーリストグループのOTSサービス経営研究所では、一年を通じてのイベントや那覇市内・本島リゾート・本島観光バスの混雑状況などを一覧できる「沖縄観光先読みカレンダーPRO」を発行している。去年、今年、来年の3年間の観光動向が一枚に掲載されたこのカレンダーには、外国の祝日や沖縄の「花」や「旬の食材」なども月ごとにビジュ

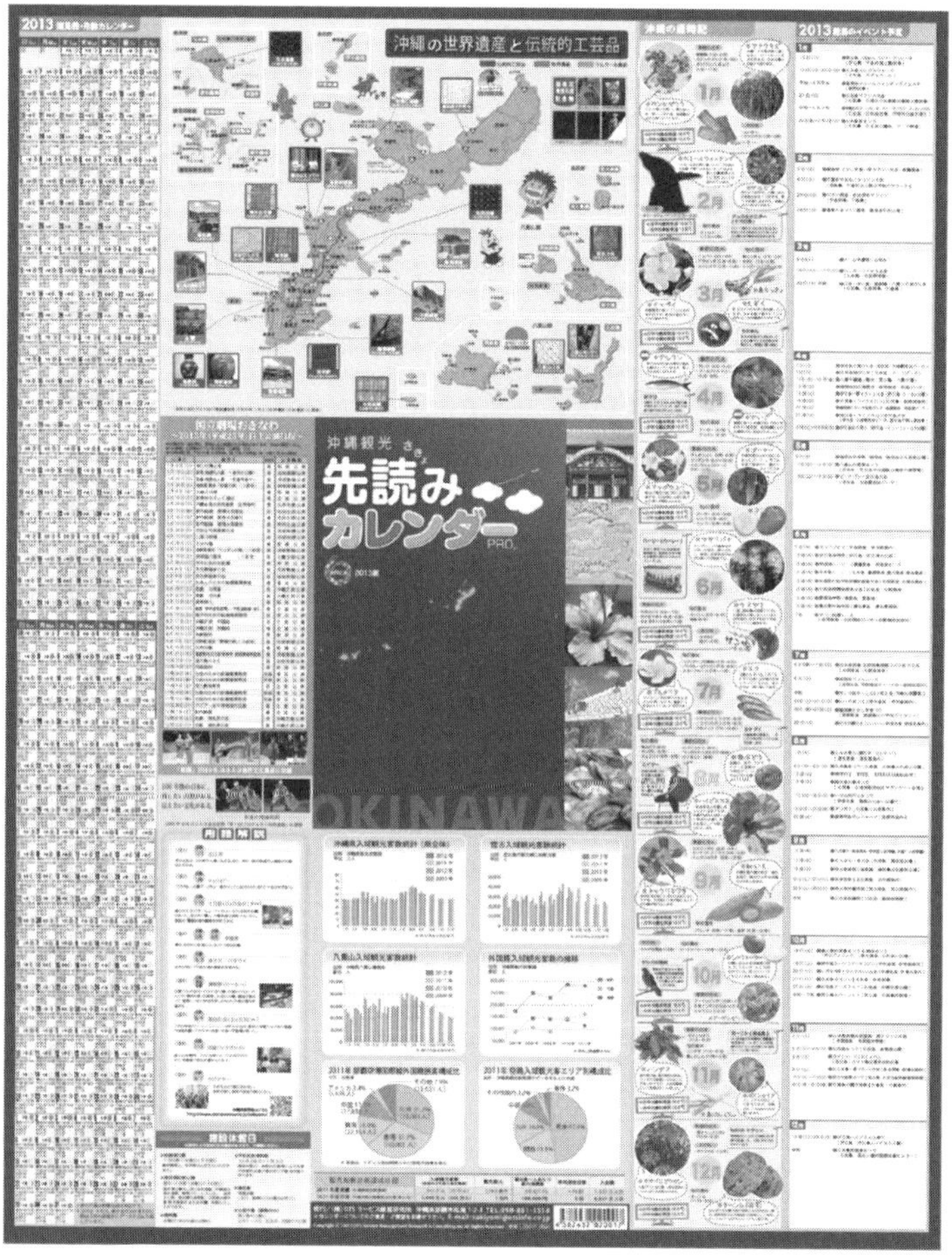

去年、今年、来年の3年間の観光動向が一枚に掲載された
「沖縄観光先読みカレンダーPRO」

アルに掲載されている。

当カレンダー作成のきっかけは、中華圏の旅行シーズンである旧正月や中秋などを前もって把握している観光施設が少なく、料金面での機会損失が出ていたからである。

例えば、大規模なコンベンションが開催されている時期に香港やシンガポールに行くと、ホテルのランクに関わらず、すべての宿泊施設の料金が上がっている。過度に変動の大きい料金設定は日本人の商慣習には合わないかもしれないが、前述のＮＡＨＡマラソンのように、那覇周辺の宿泊施設がほとんど満室になる期間は、宿泊料金を少し上げて、その代わりに、街中でサービスの質を高めるような工夫も必要であろう。

また、リゾート地域においては、泳げない時期の稼働率と単価をいかに引き上げるかということが経営のカギともなるし、社会的にみると安定雇用の礎ともなるだろう。従来のキャンペーンと呼ばれるものは、繁忙期の蓄えを民間が吐き出すかたちでどうにかやってきたわけだが、今後、閑散期の底上げは沖縄県官民あげて取り組まなければならない課題であろう。

✺外貨獲得産業としての観光の位置づけ

沖縄県では1972年5月15日の復帰後、10年刻みで振興計画が策定されている。第5次の計画は、「沖縄21世紀ビジョン基本計画」（2012年4月～2021年3月）として、2012年5月に発効している。これまでは、内閣府が中心となり作成されてきたが、この第5次計画は、初めて沖縄県が素案から創り上げた。

当計画は、これまでの沖縄振興（開発）計画なども踏まえ、大きく変動する時代潮流に対応すると同時に、沖縄21世紀ビジョンの実現に向かい、新たな時代の創造に挑む総合的な基本計画として策定されたものである。同計画では、沖縄県の「目指すべき5つの将来像」として、①沖縄らしい自然と歴史、伝統、文化を大切にする島、②心豊かで、安全・安心に暮らせる島、③希望と活力にあふれる豊かな島、④世界に開かれた交流と共生の島、⑤多様な能力を発揮し、未来を拓く島、を示している。

この基本計画を策定する際、審議会が沖縄県によって召集されたが、沖縄ツーリストの東は、日本旅行業協会沖縄支部長として沖縄県振興審議会委員、さらに経済・産業振興の基本政策にかかる産業振興部会の部会長となり、取りまとめの議長を務めていた。

振興計画の中で、観光は、外貨を獲得するための「移出型リーディング産業」として位置づけられている。「沖縄21世紀ビジョン基本計画」の基本方向における施策展開の「基軸的な考え」の中に、「日本と世界の架け橋となる強くしなやかな自立型経済の構築」という項がある。中でも、観光は外貨獲得のための移出型リーディング産業として、最も先頭を走り、これからも牽引が期待される分野である。最近では、情報産業も、コールセンター、ＢＰＯ(Business Process Outsourcing：業務プロセスの一部または全部を外部業者に委託するアウトソーシングの一形態)センターの設置やコンテンツ制作により県外受取を増やしている産業に成長してきている。

観光分野においては、「沖縄21世紀ビジョン基本計画」を踏まえつつ、沖縄県観光振興条例第7条に基づき、「第5次沖縄県観光振興基本計画」が策定

沖縄県が掲げる観光の目標フレーム

①観光収入	1兆円
②観光客１人あたり県内消費額	10万円
③平均滞在日数	5日
④人泊数	4,027万人泊 国内客 3,152万人泊 外国客 875万人泊
⑤入域観光客数	1,000万人 国内客 800万人 外国客 200万人 （うち空路175万人）

される。策定にあたり召集された沖縄県観光審議会の会長には沖縄ツーリストの東が就くことになる。沖縄県が掲げる観光の目標フレームには、2021年度の達成目標として、大きく5つが掲げられている（前頁表）。中でも、人泊数の目標は東の強い要望により今回初めて取り入れられた指標である。

✺観光立国実現に向けたアクション・プログラム

観光立国推進閣僚会議で策定された「観光立国実現に向けたアクション・プログラム」（2013年6月11日）では、日本国の観光資源などのポテンシャルを活かし、世界の人たちを惹きつける観光立国を実現するための方策として、次の4項目が挙げられている。

①日本ブランドの作り上げと発信

「ビジット・ジャパン」「クールジャパン」「インベスト・ジャパン」「日本食」など、縦割り行政の中で行われていたブランド戦略を、横断的にオールジャパン体制で推進していく。

②ビザ要件の緩和等による訪日旅行の推進

政府はASEAN諸国からの観光客を促進するため、2013年7月1日より、タイ、マレーシアは免除（観光・出張15日以内）、フィリピン、ベトナムは3年有効の数次査証、インドネシアは現在発給している数次ビザの滞在期間を15日から30日へ延長する。

③外国人旅行者の受入の改善

出入国手続きの改善、快適・円滑な国内の交通環境の整備、多言語対応の改善・強化等、移動しやすい環境を整備する。また、外国人が日本に滞在しやすい環境を整備するため、観光産業における外国人対応能力を向上させる（筆者注／その中には、沖縄ツーリストが、すでに先進的に取り組んでいるムスリム旅行者への対応も明記されている）。

ニューツーリズムの創出や東日本大震災の被災地における旅行需要の喚起をはじめ、魅力ある観光地域づくりを推進する。

④国際会議等（ＭＩＣＥ）の誘致や投資の促進

国を挙げた一体的なＭＩＣＥ誘致体制の構築、都市のＭＩＣＥ受入環境の整備、共同行動計画による関係機構の連携を強化する。カジノを含む統合型リゾート（ＩＲ）、国際競技大会の招致・開催の支援等を強化する。

２０１３年9月7日、アルゼンチン・ブエノスアイレスのＩＯＣ総会では、２０２０年のオリンピック・パラリンピックの東京開催が決定した。まさに、観光立国実現にむけたアクション・プログラムに弾みが付き、日本が真の観光立国となり、地域の隅々までその恩恵が行き渡ることを期待したい。

✺コーポレート・ゲームズ２０１５正式契約

オリンピック・パラリンピックの東京開催は、日本のあらゆる産業に大きなチャンスをもたらしてくれることだろう。単にスポーツの分野だけではなく、建設、交通、モノづくりなどの産業分野、食や伝統文化、アニメやゲームに至るまで幅広い「Made in Japan」のブランド力向上が期待される。

中でも観光、ＭＩＣＥ、そしてスポーツ・ツーリズムの分野での日本の立ち位置にも注目が集まるだろう。

沖縄県もスポーツ・ツーリズムには力を注いでいる。バスケットボール、サッカー、ハンドボールは、地元のプロチームが大人気である。特に、プロ・バスケットボールチームの「琉球ゴールデンキングス」は毎シーズン、日本のトップリーグであるＢＪリーグの優勝を狙うほどの位置にいる。また、「空手」は、沖縄が発祥の地として有名だが、特に、その精神性も含めて、世界的にメッカとなりつつある。

沖縄ツーリストは、国際的なスポーツイベントについても積極的に取り組んでいる。2013年7月、沖縄ツーリストは、ロンドンに本部を置くスポーツ・フォーライフ社主催「コーポレート・ゲームズ」の2015年沖縄開催について、運営受託会社として正式に契約を交わした。「コーポレート・ゲームズ」とは、Fortune 500にランキングされるようなグローバル企業のエリート社員たちが、心身の健康増進はもちろん、スポーツや懇親会、ビジネスセッションを通して自己研鑽をする場でもあり、世界70ヵ国で開催されているスポーツイベントである。すべての運営が英語で行われる国際大会であり、沖縄での開催は初となる。運営にあたる沖縄ツーリストはすでに4人の社員をロンドンの研修に派遣し、準備を開始している。すべてが英語で行われるスポーツ大会の実施は、沖縄の今後のスポーツ・ツーリズムの国際化に大きく貢献していくことであろう。

✺万国医療津梁協議会　医療ツーリズムへの挑戦

医療を目的に国境を越えて旅することを、一般的に「医療ツーリズム(Medical Tourism)」と呼ぶ。

自国では受けられない最先端の治療を求める患者や、保険会社に勧められて医療費の安い国で質の高い治療や入院環境を求める患者など、世界中には医療のため海外に出掛ける人たちが数多く存在する。

例えば、韓国では、美容整形や脊椎疾患の治療、シンガポールでは、がん、整形外科、心臓の最先端レベルの治療、タイでも、がん、整形外科、神経、脳、心臓の治療など、官民一体となって医療ツーリズムに注力している。それらの医療機関では、英語、中国語はもちろん、日本語やアラビア語ほか多数の言語に対応できるスタッフを揃え、国外からの患者の受け入れに注力している。各国とも外貨獲得のキラーコンテンツとして、医療を外国人に提供しているわけだ。

一方、日本では国民皆保険制度を脅かしかねないとして、日本医師会をはじめ、多くの医療関係者が「医療ツーリズム」という言葉にさえ反対しているのが現状だ。

沖縄県では、1980年代からヘルシーリゾート構想が立ち上がり、「長寿」「癒し」「ウェルネス」などのキーワードで、健康志向の観光振興を目指してきた。観光以外にも、医食同源の思想を受けた沖縄の伝統食や、フーチバー（よもぎ）やゴーヤーに代表される健康食材、また最近では「ウコン」や「もろみ酢」に代表される健康食品やサプリメントも全国的に人気である。

内閣府沖縄総合事務局、沖縄観光コンベンションビューロー、医療機関および経済界が協力し、沖縄独自の国際医療交流・医療ツーリズムを目指す組織が、2011年「万国医療津梁協議会」として発足した。初代会長には、琉球大学学長で医学部教授の岩政輝男氏が就任し、現在は岩政氏の後任の大城肇学長が会長を務めている。

「万国医療津梁」とは、「医療」に「万国津梁《ばんこくしんりょう》」という言葉を加えた造語だ。

「万国津梁」とは、琉球王国時代の第一尚氏第六代国王の尚泰久（1415〜1460年）が鋳造を命じ、首里城正殿にかけた「万国津梁の鐘」に由来する。鐘には「琉球国は南海の景勝地にあり、朝鮮に学び、明（中国）や日本とも良好な関係にあり、貿易船を以て万国の架け橋になり、ゆえに異国の産物が国中に満ち溢れて豊かである」という内容の漢文が刻まれている。琉球国がアジアの貿易・航海のハブとして重要な役割を果たしていたことを意味する「万国津梁」という言葉は、沖縄県内でよく使われている。

全国的には、医療交流・医療ツーリズムは、医療関係者に歓迎されていないが、沖縄県医師会では、国民皆保険制度を脅かさないことを前提に、

①外国人観光客に対しては、発病・急変時の対応（通訳・医療費・患者の受け入れ態勢）を整

え支援する。
②外国人の医療従事者の研修・教育を支援する。
③外国人の人間ドック（自由診療として）は容認する。

ということを確認し、沖縄を訪れる観光客に関しては、日本人・外国人を問わず、万全を尽くして対応することを明言している。これに加え、県外・国外からのリハビリテーション患者の受入れに積極的に取り組む施設もある。また、県を挙げて重粒子線治療施設の整備プロジェクトも検討されているという。日本自体は医療ツーリズム後進国であるが、この分野に風穴を開ける沖縄の可能性に注目したい。

沖縄ツーリストでは、医療機関と連携をしながら、中国やロシアからのＰＥＴ検診や生活習慣病の診断や予防のためのモニターツアーなどの受入れの一翼を担っている。

また、アレルギーを持っている子供と安心して一緒に沖縄旅行ができるように、10種類の食物アレルギー素材を除いた食事を提供できる仕組みを、関係機関と連携し沖縄県南部地域で展開している。食事は主にホテルでのバイキングスタイルであるが、すべての料理においてアレルギー素材を使用していないので、家族が安心して同じものを食べることができる。この体験に涙する家族も少なくないという。

このように、医療や健康面で安心できる観光関連サービスを提供することは、着地型観光の真髄と言えるかもしれない。

✺One Two Smile OTS

「ワン・トゥー・スマイル！」

写真を撮る時のかけ声のようなフレーズ。現在沖縄ツーリストでは、積極的にCI(Corporate Identity)に取り組んでいる。そのキャッチコピーが「One Two Smile OTS」だ。このコピーを国内だけでなく、海外にも広く発信している。

沖縄ツーリストは、国内の業界では「沖ツー」または「OTS」と呼ばれている。後者は、沖縄ツーリストの英語名Okinawa Tourist Serviceの頭文字3つの略称だ。海外の取引先からも「OTS」という呼称で知られている。

「OTS」は、旅行関連業者および沖縄県内の一般消費者における認知度は高いものの、沖縄県外そして海外の顧客にはまだまだ知られていない。アルファベット3文字で表される大手旅行会社JTB、HIS、KNTに、浸透度では遠く及ばない。また、航空会社ではANA、JAL、JTA等々、日本を代表する企業の中でもNEC、NTT、NHKなどアルファベッ

OTS（Okinawa Tourist Service）のビジット・ジャパンCI戦略
海外展開のためのキャッチコピー・・・　“One Two Smile OTS”

ト3文字の有名企業は数多くある。中堅旅行会社である沖縄ツーリストの「ＯＴＳ」がなかなかマーケットに浸透しないのは当然である。

そこで、東が考えたのがこの「Ｏ・Ｔ・Ｓ」を覚えやすくするための語呂合わせだ。ＯはＯｎｅ、ＴはＴｗｏ、そしてＳはＳｍｉｌｅ。Ｏｎｅ　Ｔｗｏ　ＳｍｉｌｅをＯＴＳに重ね合わせた。このＯｎｅ　Ｔｗｏ　Ｓｍｉｌｅは、冒頭述べたように、写真を撮る際のかけ声にも使える。旅行会社のイメージによく合うフレーズである。

また、「Ｏｎｅ」「Ｔｗｏ」「Ｓｍｉｌｅ」の３つの単語は、英語を母国語としない国の人であっても、子供から大人まで容易に理解でき、親しみやすい言葉だ。特にＳｍｉｌｅやＨａｐｐｙなど、明るくポジティブな言葉は、どんな国でも好んで使われている。

55年前の創業当時、「ツーリスト」という言葉は一般的でなかった。「ツーリスト」を、当時流行していた「ツイスト」と勘違いして、沖縄ツーリストの事務所に「ここはダンスをするところなの？」と訪ねてくる人もいた。このため、当時の沖縄ツーリストでは、「ダンスはツイスト！　旅行はツーリスト！」というキャッチコピーを作ったという。

沖縄ツーリストは60周年の「還暦」まであと5年。まさに生まれ変わるための創業第二期とも言えるこの時期に、新たなキャッチコピーを考案して、社名を国内外に浸透させようとしている。歴史は繰り返しながら進化するのだ。

グローバルな競争の中で、企業のブランド力は強い比較優位性を生み出す。観光の場合においても、外国へ行って、聞いたことがある企業が提供するサービスは安心できる。世界のすみずみにまで有名ホテルチェーンの名を冠したホテルがあるのも、それが、一定のサービスの質を保証するブランドとして認知されているからである。

Ｏｎｅ Ｔｗｏ Ｓｍｉｌｅ ＯＴＳで社名を世界に発信すると同時に、ＯＴＳのサービススタンダードを明確に示していくことも、これからのグローバルビジネスの中ではとても重要になるだろう。

おわりに――１００年企業を目指して

創業１００年を超える企業は少ない。

厳しい戦争や27年間もアメリカ占領下にあったことなどから沖縄県に本社を構える企業においてはさらに数は少なく、泡盛製造会社や琉球新報社など数えるほどしかない。

一般的に企業の寿命は10年とも30年とも言われているようだが、それだけ企業が永続することは難しいのだろう。

例えば創業者が30歳代半ばで起業し、その後企業が成長し続けたとしても30年後には65歳となり、世代交代の時期を迎える。事業継承という名の世代交代も大変であるが、それ以上に30年もすれば企業を取り巻く環境が大きく変わり、たいていの場合何らかの事業転換や企業変革が求められる。こうした事への適応の難しさから企業は永続することが出来ず、衰退していくことが多いのだろう。

企業が永続していくためには、時代の変化を捉えそれに事業内容や企業体質を変化適応させていくことが必須となる。

その一方、創業理念を常に明確に意識し、その理念に基づく経営を行うという、一見相反する事柄も大切となる。この両方を強く意識することが重要だ。

戦後の沖縄は、日本本土復帰前後という大きな転換だけでなく、様々な外的環境によりいくつもの変化があった。沖縄において復帰前に創業し現在も存在する企業は、こうした変化に適応させてきた企業と言えよう。

沖縄ツーリストは、２０１３年10月に創業55年を迎える。沖縄ツーリストは言うまでもなく変化に適応してきた企業だ。また、これまで見てきたように、同社の55年の歩みは沖縄の観光産業の歴史そのものだと言っていいだろう。

沖縄ツーリストは、45年後の２０５８年に１００周年を迎える。その間には、沖縄の観光産業だけでなく、日本の観光産業を牽引する企業になっていることだろう。

日本は観光立国をめざすことを掲げているが、関係者は日々努力されているのだろうが、外からは遅々として進んでいないように感じていた。なぜだろうか。

一方、沖縄県は観光立県として、復帰以後40年間急速に進展した。この違いは何だろう。日本全体と1つの県という規模の違いがあるのかもしれない。

それだけではなく、「沖縄県の観光推進には国や県などの行政が政策を考え、それを沖縄ツーリストという地元での旗振り役が率先して行動を起こしたからだ」と言えるのではないだろうか。そんなことを思い、本書を書き進めた。

本書執筆にあたり、沖縄ツーリスト現社長の東良和氏には、何度も何度もお話を伺う時間を頂戴した。また、沖縄ツーリスト創業者の一人で現相談役宮里政欣氏にも2回合計約8時間程度のお話を伺った。宮里氏は85歳を超える年齢でありながら、詳細に当時のことを話された。その記憶力には驚嘆した。

さらに、内容の事実確認などを、沖縄ツーリストの沖山真樹氏、山本達涼氏、安部潤氏の3氏を中心に対応していただいた。これらの方々のご尽力で本書を完成することができた。感謝を申し上げたい。

最後に、何度も何度も行った校正に熱心にお付き合いいただき適切なアドバイスをいただいた芙蓉書房出版平澤公裕氏に感謝を申し上げる。

【参考文献】


『創立45周年記念誌』沖縄ツーリスト編、２００４年。

『沖縄観光進化論』下地芳郎著、琉球書房、２０１２年。

『沖縄観光とホスピタリティ産業』宮城博文著、晃洋書房、２０１３年。

『復帰後の沖縄経済の構造変化と政策課題に関する研究』（財）南西地域産業活性化センター、２０１０年。

『戦後沖縄経済史』琉球銀行調査部編、１９８４年。

『本土に負けない沖縄企業』吉崎誠二、芙蓉書房出版、２００８年。

その他、観光庁および沖縄県文化観光スポーツ部ホームページ、オリオンビール40年のあゆみ、琉球新報、沖縄タイムス、観光専門紙「観光とけいざい」などを参考にした。

西暦(年号)	出来事
1998(平成10)	ブラジルとアルゼンチン沖縄県人移住90周年記念式典 第2回 WUB 世界大会(ブラジル)
2000(平成12)	ハワイ移住100周年記念祝賀会開催(OTS　1月と9月にJAL チャーター便を企画実施) キューバ沖縄県人会発足 ※チャーター便にて親善訪問団企画実施 第4回 WUB 世界大会(沖縄)
2001(平成13)	第3回世界のウチナーンチュ大会開催(11月1日～4日)
2003(平成15)	第1回世界のウチナーンチュ会議(ハワイ) ※ JAL ジャンボ機チャーター便2機ツアー企画実施 第7回 WUB 世界大会(ハワイ)
2006(平成18)	ペルー移住100周年記念式典 第4回世界のウチナーンチュ大会開催(10月12日～15日)
2007(平成19)	第11回 WUB 世界大会(上海)
2008(平成20)	ブラジル・アルゼンチン移住100周年記念式典(訪問団600名規模) 沖縄からブラジル・アルゼンチンへ初の南米チャーター便企画実施
2010(平成22)	那覇市・ホノルル市姉妹都市提携50周年記念ツアー企画実施
2011(平成23)	ペルー沖縄県人会創立100周年記念式典 在亜沖縄県人連合会創立60周年記念式典 ブラジル沖縄県人会創立85周年記念式典 第15回 WUB 世界大会(沖縄)(10月11日～17日) 第5回世界のウチナーンチュ大会開催(10月12日～16日)
2012(平成24)	第30回ハワイ沖縄フェスティバル開催
2013(平成25)	ブラジル沖縄県人会移住105周年記念式典 那覇市・ブラジルサンビセンテ市姉妹都市提携35周年記念式典

(出典：JICA(独立行政法人国際協力機構)の移民関係資料に基づき沖縄ツーリストにて編集)

西暦(年号)	出来事
1969(昭和44)	戦前、戦後初のパラグアイ移住者2家族14名出発
1970(昭和45)	ハワイ移住70周年記念祝賀会(那覇市にて1月11日)行政主席屋良朝苗ハワイ訪問(12月)
1972(昭和47)	沖縄が本土復帰、沖縄県となる(新知事に屋良朝苗当選)
1978(昭和53)	在伯沖縄県人会移住70周年・県人会館落成記念式典開催
1979(昭和54)	ボリビア・コロニアオキナワ移住25周年
1980(昭和55)	那覇・ホノルル姉妹都市提携20周年記念祝賀会(那覇で開催)。ハワイ沖縄県人移住80周年記念式典挙行、県知事西銘順治出席
1984(昭和59)	ボリビア移住30周年記念式典及びブラジル、カンポグランデ移住70周年記念式典(古謝副知事一行参列)
1985(昭和60)	沖縄県・ハワイ州姉妹提携調印式
1986(昭和61)	沖縄県人ペルー移住80周年記念式典
1987(昭和62)	「花の国際交流使節団」南米、ハワイ訪問総勢260人参加の一大ツアー企画実施 ※ツアーはオリオンビール社30周年記念として企画され多くの南米花木の種子を持ち帰り現在県内で根づいている
1988(昭和63)	ブラジル移住80周年記念式典(宮城副知事一行が南米訪問)
1989(平成元)	沖縄県人アルゼンチン移住80周年記念式典・会館落成
1990(平成 2)	ハワイ沖縄センター開館 第1回世界のウチナーンチュ大会開催(8月23日～26日)
1995(平成 7)	第2回世界のウチナーンチュ大会開催(11月16日～19日)
1996(平成 8)	ペルー移住90周年記念式典
1997(平成 9)	WUB(World wide Uchinanchu Business Association)が発足 ※世界のウチナーンチュビジネスマンの連携と国際的ビジネスネットワークの構築と促進を目的に発足。本部をハワイに置く

西暦(年号)	出来事
1941(昭和16)	太平洋戦争が始まる ペルー在住日本人の国内旅行禁止、財産没収、営業停止。アメリカ、カナダ、フィリピンで在留日系人の強制収容が始まる
1942(昭和17)	ブラジルで日本語の使用禁止。日本字新聞・雑誌の発行禁止
1945(昭和20)	沖縄戦
1948(昭和23)	ハワイで「沖縄衣類救済運動委員会」が組織される。以降、49年までにロサンゼルスやハワイ、ブラジル、ボリビアで支援のための組織ができる
1949(昭和24)	ハワイ連合沖縄救済会から豚500頭余沖縄へ到着 戦後初めて呼び寄せ移民33人がアルゼンチンへ空路出発。ペルーへ1人。戦後初めてブラジルへ5人、メキシコへ1人移民
1951(昭和26)	ハワイ沖縄県人連合会が発足
1954(昭和29)	ボリビア移民団第1陣269人、第2陣129人が那覇港を出発。ボリビアのうるま耕地に入植したが、原因不明の熱病(後に「うるま病」と命名)で15人死亡。56年に現在のコロニア沖縄第1移住地へ移動
1957(昭和32)	54年に米軍に土地を強制収用された宜野湾村伊佐浜の10世帯60人がブラジルへ出発
1961(昭和36)	那覇・ホノルル市(ハワイ)と姉妹都市提携
1964(昭和39)	ボリビア移住最終回(第19次102名出発)。ボリビア移住地入植10周年
1965(昭和40)	ハワイ移住65周年、県海外協会「四海兄弟」の記念碑贈る。(松岡行政主席除幕式参列)
1967(昭和42)	旅券が在那覇、日本政府沖縄事務所で発給(米国民政府発給身分証明書1951年～1967年終る)
1968(昭和43)	ボリビアのリオ・グランデ河の氾濫により第一コロニア沖縄が甚大な被害を受ける

■沖縄移民（移住）史関係年表

西暦(年号)	出来事
1899(明治32)	當山久三の勧誘斡旋により沖縄初の契約移民30人が那覇港をたちハワイへ（12月5日）
1900(明治33)	第1回ハワイ移民27名ホノルルに到着(1月8日)
1904(明治37)	當山久三の指揮で初のマニラ移民111人が沖縄をたつ メキシコの炭鉱労働のため県人202人が本土を出発
1905(明治38)	ニッケル鉱採掘労働者として387人が仏領ニューカレドニアへ
1906(明治39)	沖縄初のペルー移民36人が横浜を出発 サンフランシスコ大地震で県人の被害甚大 その後県人はロサンゼルスへの移住が集中
1907(明治40)	カナダへ初の集団移民152人が渡航
1908(明治41)	第1回ブラジル移民325人が神戸港を出発、サントス港着
1913(大正 2)	アルゼンチンへ呼寄移民で県人14人が出発
1917(大正 6)	渡航名簿上初のキューバ移民1名、以後昭和13年までに113名に達す
1919(大正 8)	県統計上初めてのボリビア移民1人
1924(大正13)	「沖縄県海外協会」（初代会長県知事亀井光政）が設立され、移民への支援活動が本格化
1926(昭和元)	「布哇(ハワイ)沖縄海外協会」、ブラジルで「球陽協会(在伯沖縄県人会)」創立
1931(昭和 6)	金武村雄飛の森に當山久三の銅像建立
1934(昭和 9)	ロサンゼルスで「在米沖縄県人会」創立
1936(昭和11)	ペルーで「移民ならびに営業制限に関する大統領布」公布
1940(昭和15)	ペルーのリマで排日暴動

発効年月日	対象国	内　　容
2011.9.1	中　国	発給要件の「一定の職業上の地位及び経済力を有する者」から「一定の職業上の地位」を除き、「一定の経済力を有する者」とし、また滞在期間を15日から30日へ延長
2012.9.1	インドネシア	「一定の要件を満たしＩＣＡＯ標準の機械読取式又は表Ｃ一般旅券を所持する者」に、滞在期間最長15日、有効期間最大３年の短期滞在数次ビザを発給
2013.7.1	タ　イ	15日を超えない短期滞在を目的とし、ＩＣ一般旅券を所持する者に対してビザ免除
2013.7.1	マレーシア	短期滞在を目的とし、ＩＣ一般旅券を所持する者に対して、ビザ免除措置を実質的に再開
2013.7.1	ベトナム	「一定の要件を満たしＩＣＡＯ標準の機械読取式一般旅券を所持する者」に、滞在期間15日、有効期間最大３年の短期滞在数次ビザを発給
2013.7.1	フィリピン	「一定の要件を満たしＩＣＡＯ標準の機械読取式又はＩＣ一般旅券を所持する者」に、滞在期間15日、有効期間最大３年の短期滞在数次ビザの発給を開始
2013.7.1	インドネシア	短期滞在数次ビザの滞在期間を、15日から30日へ延長

※2013年8月～　ラオス、ミャンマー、カンボジア、ブラジルなどを対象としたビザ発給要件の緩和を検討中

（出典：外務省ホームページより抜粋）

■近年の主な観光ビザ発給要件緩和の経緯

発効年月日	対象国	内　　容
2000.9. 1	中　国	団体観光客への査証発給を開始(対象地:北京市、上海市、広東省)
2004.3. 1	韓　国	訪日修学旅行生に対するビザ免除
2004.4. 1	香　港	短期滞在ビザ免除
2004.4. 5	ASEAN	大学生に対するビザ手数料免除
2004.4.12	韓　国	修学旅行の引率者(教職員)に対するビザ免除
2004.9. 1	中　国	訪日修学旅行生に対するビザ免除
2004.9. 1	台　湾	訪日修学旅行生に対するビザ手数料免除等
2004.9.15	中　国	訪日団体観光ビザ発給対象地域に５地域（天津市、江蘇省、浙江省、遼寧省、山東省）を追加
2005.3.11	韓　国	短期滞在ビザ免除
2005.3.11	台　湾	短期滞在ビザ免除
2005.7.25	中　国	訪日団体観光ビザ発給対象地域を中国全土に拡大
2009.7. 1	中　国	個人観光客への査証発給を開始
2010.7. 1	中　国	発給要件の「一定の条件」を「十分な経済力を有する者」から「一定の職業上の地位及び経済力を有する者」へ緩和
2011.7. 1	中　国	沖縄を訪問する中国人個人観光客で、十分な経済力を有する者とその家族に対して、数次ビザを発給（観光数次ビザは日本国として初めて導入)。有効期間は３年、１回の滞在期間を15日から90日へ延長

■年次別(暦年)沖縄県入域観光客数(単位:人)

1972年	443,692	1993年	3,186,800
1973年	742,644	1994年	3,178,900
1974年	805,255	1995年	3,278,900
1975年	1,558,059	1996年	3,459,500
1976年	836,108	1997年	3,867,200
1977年	1,201,156	1998年	4,126,500
1978年	1,502,410	1999年	4,558,700
1979年	1,807,941	2000年	4,521,200
1980年	1,808,036	2001年	4,433,400
1981年	1,930,023	2002年	4,834,500
1982年	1,898,216	2003年	5,084,700
1983年	1,851,994	2004年	5,153,200
1984年	2,053,500	2005年	5,500,100
1985年	2,081,900	2006年	5,637,800
1986年	2,028,800	2007年	5,869,200
1987年	2,250,700	2008年	6,045,500
1988年	2,395,400	2009年	5,650,800
1989年	2,671,100	2010年	5,855,100
1990年	2,958,200	2011年	5,415,500
1991年	3,014,500	2012年	5,835,800
1992年	3,151,900		

(出典:沖縄県文化観光スポーツ部観光政策課)

刊行によせて

沖縄ツーリスト社長　東　良和

著者の吉崎誠二さんが『本土に負けない沖縄企業』（芙蓉書房出版）という本の中で、沖縄ツーリストと私を取り上げてくれたのが２００８年８月。その１ヵ月後にはリーマンショックが勃発し、翌２００９年新型インフルエンザの流行、２０１０年日本航空の破綻、２０１１年東日本大震災と福島第一原発事故の発生、そして２０１２年には尖閣諸島の国有化問題で日中関係がぎくしゃくするなど、沖縄ツーリストを取り巻くこの５年間の経営環境はまさに厳しいものがありました。

前回、吉崎さんにインタビューを受けた時は、真面目にやってさえいれば、会社経営なんてそんなに難しいものではないと心のどこかで思っていたかもしれません。それから５年、沖縄ツーリストは組織として、そして社員、役員の一人ひとりが、かなり逞しくなったと確信しています。私自身もおかげさまで精神的に相当鍛えられたと感じています。

このような試練を乗り越え、２０１３年10月に沖縄ツーリストの創業55周年を無事迎えることができることは本当に感慨深いものがあります。もちろん、その背景には厳しい環境の中でも親身になって対応してくれた金融機関の皆様、航空会社、ホテル、観光施設など旅行部の取引先の皆様、レンタカー関連では、自動車メーカーやディーラー、整備や輸出業者の皆様、また保険会社や印刷・広告関係の皆様、そして何よりも沖縄ツーリストをご愛顧いただいた多くの顧客の皆様に心より感謝を申し上げたいと思います。

55年の会社の歩みと沖縄観光の歴史をどう残すかを悩んでいたところ、吉崎さんが「沖縄ツーリストが沖縄観光とともに歩んできた足跡は残すべきだ！　私が書きましょう！」と言い出してくれたこと、心の底からありがたいと思いました。

また、編集においては、長時間のヒヤリングや打合せを重ねながら、丁寧に体系的に事実関係を解明していくという吉崎さんのコンサルタント、アナリストとしてのプロ意識に大いに感銘を受けました。

この『職業としての観光　沖縄ツーリスト55年編』には、創業者である東良恒と宮里政欣をはじめ、沖縄観光の発展を自らの人生の夢として追い求めた先人たちの心意気と勇気ある行動が数多く出てきます。何もなかった時代に、今よりもっと真剣に、そしてもっと貪欲に沖縄観光に向き合い、慰霊団や観光客の滞在中の「おもてなし」の向上に向け工夫を凝らした実践力は、現在の沖縄観光をあずかる私たちにとって、忘れてはならない原点であると感じます。

沖縄観光はまだまだ発展途上です。次世代が「観光」に誇りを持ち、持続可能な発展ができるよう、我々の世代もますます頑張らなければならないと、この本のおかげで再認識することができました。

著者の吉崎誠二さんと、その気持ちを汲みとって出版に踏み切ってくださった株式会社芙蓉書房出版の平澤公裕社長に心から感謝の言葉を贈りたいと思います。

最後に、これまでお世話になったすべての皆様に重ねて御礼申し上げますとともに、沖縄ツーリストが１００年企業になることをお誓い申し上げます。そして、必ず沖縄をはじめ、日本、世界の平和交流の懸け橋となり、地域の健全な発展に貢献していきます！

これからも応援なにとぞよろしくお願い申し上げます！

著　者
吉崎 誠二　（よしざきせいじ）
1971年生まれ。早稲田大学大学院ファイナンス研究科修了、立教大学大学院博士前期課程修了。経営コンサルタント、経済アナリスト、㈱船井総合研究所上席コンサルタントを経て、現在㈱ディー・サイン取締役、ディー・サイン不動産研究所所長、沖縄大学地域研究所特別研究員。
著書：『2020年 大激震の住宅不動産市場』、『消費マンションを買う人、資産マンションを選べる人』、『本土に負けない沖縄企業』など8冊。現在、ダイヤモンドオンライン、週刊ビル経営など、定期連載多数。

職業としての観光
——沖縄ツーリスト55年編——

2013年11月11日　第1刷発行

著　者
吉崎《よしざき》 誠二《せいじ》

発行所
㈱芙蓉書房出版
（代表 平澤公裕）
〒113-0033東京都文京区本郷3-3-13
TEL 03-3813-4466　FAX 03-3813-4615
http://www.fuyoshobo.co.jp

装幀／光文堂コミュニケーションズ
印刷・製本／モリモト印刷

ISBN978-4-8295-0605-9